JN095896

越前敏弥 著
TOSHIYA ECHIZEN

「英語が読める」の

9割は誤読

翻訳家が教える英文法と語彙の罠

THE ART OF READING
ENGLISH SENTENCES
ACCURATELY AND
TRANSLATING
UNTRANSLATABLE
EXPRESSIONS

?

the japan times出版

　この本は、2019年にジャパンタイムズ出版から出た『この英語、訳せない！』の続編として書いたものですが、前著を読んでいなくてもまったく問題なく読み進めることができます。

　今回は、文法・語彙・周辺知識を3本の柱として、語学力を多角的に磨きあげることを目標とした構成にしました。英語に関して、高校生程度の知識があればじゅうぶん読めますが、上級の語学学習者や翻訳学習者なども多くのことを学べると思います。

　Chapter 1「誤訳しがちな英文」では、日本語話者が誤読・誤訳しがちな英文を40例集め、なぜ読みまちがえるのか、そしてどうすれば正しい読み方ができるのかをくわしく解説しました。文法知識に基づくものだけでなく、文化的背景や文脈理解の不足が原因になるものも集めてあります。中には意地悪なものもありますが、真正面から取り組んで、自分の弱点を洗い出すのに使ってください。

　Chapter 2「まだまだある！　訳しにくい英語表現」は、前著に載せきれなかった「罠になりがちな単語・熟語」を40例集めまし

た。翻訳クラスの生徒とのやりとりで気づいたものや、さまざまな翻訳書を読みながら思いついたことが中心で、原書と訳書を対比した例を多く載せてあります。楽しみながらも、ワンランク上の語学力をつける手がかりとして活用してもらえるとうれしいです。

　Chapter 3「翻訳者はつらいよ」では、自分自身が翻訳の仕事をつづけてきたなかで突きあたったいろいろな難題や、文芸翻訳ならではの特殊技巧を紹介しています。クイズ形式になっている個所もいくつかあるので、Chapter 2 と同じく遊び感覚で読みながらも、翻訳という営みの楽しさときびしさを知ってもらえたらと思います。

　これを読んだみなさんが、さまざまな知的刺激を得て、語学や翻訳への興味を一段と深めるとともに、より正確な英文読解力を身につけてくださることを願っています。

越前敏弥

Contents

PART **B** 文化的背景の知識や
文脈を理解する力を問う18問   062

Chapter 2

まだまだある！
訳しにくい英語表現

Chapter 3
翻訳者はつらいよ

装丁・レイアウト・組版・図版：chichols（チコルズ）

編集協力：佐藤淳子

イラスト（中面）：温泉川ワブ

p.114：写真提供：UPI／ニューズコム／共同通信イメージズ

p.119：ajfigel（i stock）

p.135：Golubovy（shutter stock）、Rachata Teyparsit（shutter stock）

p.137：metamorworks（istock）、fizkes（istock）

p.141：colematt（i stock）

p.154：tixti（istock）、jinjo0222988（istock）

p.169：paulfjs（istock）

p.194：国立国会図書館デジタルコレクションより

p.198：© チャールズ・イ・タトル出版

p.215：Jess Kraft（shutter stock）

p.230：TonyBaggett（istock）、lucky-photographer（istock）

引用と書影の出典は初出のページに記載。

chapter

1

誤訳しがちな英文

Chapter 1 では、ここ何年かのあいだに自分が翻訳した作品や、翻訳クラスで扱った文章のなかで、特に誤読・誤訳が多かった、あるいは多そうな英文を選んで解説します。誤読・誤訳を防ぐためのコツもいくつか紹介します。

PART A（22問）では、おもに文法知識に基づくものを、PART B（18問）ではそのほかの理由（文化的背景や文脈理解など）に基づくものを中心に採りあげます。PART B では、翻訳クラスの生徒の誤訳例をまず示すので、どこがまちがっているかをゆっくり考えてください。

A

問 題 編

それぞれの英文の意味を考えてください。

1. The author wrote the novel was her best friend.

2. Kathy was married with a young boy in the forties.

3. I need those financial reports yesterday.

4. She had been depressing for months when she learned about the death of her grandmother.

The author wrote the novel was her best friend.

答

その小説は自分の親友だ、とその作家は書いた。

　なんの変哲もなさそうな英文ですが、「その小説を書いた作家は彼女の親友だ」と読んだ人はいないでしょうか。実は、高校生ぐらいでも、おそらく半分ぐらいがこの英文をそのように読みます。

　これは難問とまでは言えませんが、誤読・誤訳を防ぐ際に最も大事なのは「**左から右へ読む**」姿勢なので、まずこの問題を例として、それについてゆっくり考えます。少々説明がくどくなりますが、正解した人もぜひ読んでください。以下の考え方が、このあとのいくつかの問題でかならず有効になります。

　英語を読むとき、ネイティブスピーカーは、左から右へ一度だけ読んでいって、文末のピリオドを見た時点でその文の意味を完全に理解します。内容がひどくこみ入っていれば別ですが、原則として右から左へさかのぼったり、振り返ったりすることはありません。われわれが縦書きの日本語を読むとき、通常は上から下へ一度しか読まないのと同じです。

　このプロセスをもう少しくわしく言うと、

予想 ➡ 確認

　　　予想 ➡ 修正 ➡ 確認

のどちらかをしていくことになります。この英文で言えば、

　　　The author wrote

まで読んだ時点で、正しい英語の読み手なら、The author を主語
（S）、wrote を述語動詞（V）として意識します。となると、このあ
とに来るのは目的語（O）、またはそれに相当する句や節です。

　そこから少し右へ目を動かすと、

　　　The author wrote the novel

となり、ああ、目的語は the novel で、「その作家は小説を書いた」
だな、と一瞬納得するかもしれません。ところが、つぎに

　　　The author wrote the novel was

と、was が出てきた時点で、正しく英語を読める人なら「予想が
はずれた」とすぐに感じるはずです。the novel が目的語なら、そ
のあとにつづくのは修飾語句であるはずですから、そこに was が
現れるはずはありません。

　ここで「予想 ➡ 修正」のプロセスへ移るわけですが、読み方の
修正ができるのは wrote よりも右の部分、the novel からの部分だ
けです。The author wrote までの時点で、「作家は〜書いた」がこ

の文の大きな骨組みになっていて、この骨組みは、そこから右に何が書いてあろうとぜったいに変わらないのです。

　そのルールが身についていれば、wrote より右にあるのは

　　the novel was her best friend

というもうひとつの主述を具えた形ですから、全体は

　　The author wrote (that) the novel was her best friend.

だと理解できます。「小説」が「親友」だというのはちょっと変な感じですが、英語の構文を読みちがえていないのだから、ああ、作品を人間にたとえているんだな、と納得できるはずです。

　では、読みちがえた人の頭のなかでは何が起こっていたのでしょうか。何よりまず、その人は「左から右へ読む」のルールを無視しています。おそらく、ざっと全体を見て、左端の The author と右端の was her best friend がほぼ同時に目にはいり、「その作家は親友だ」という骨組みが最初に頭のなかにできたのでしょう。つぎに、残っている真ん中の wrote the novel が目にはいり、骨組みにその情報を付け加えるとしたらどうすれば意味が通るかを瞬時に考えて（でっちあげて？）、「その小説を書いた作家は彼女の親友だ」とし、それなら意味が通るから OK としたはずです。

　しかし、そのように読むためには、英文が

　　The author who wrote the novel was her best friend.

となっている必要があります（主格の関係代名詞は省略できません）。誤読した人の多くは、その程度の文法の知識を持っていたはずですが、それでも読みちがえたのは、漠然と「不注意だったから」「うっかりしていたから」ではなく、「**左から右へ読むルールに従わなかったから**」です。

　誤読・誤訳が多い人は、まずこの「左から右へ読む」に気をつけてください。それだけで何割かを防げるはずです。最終目標としては速読することも大事ですが、このルールを無視して速読しても、誤読の山を築くだけです。

　もうひとつ、誤訳・誤読を減らすためには「**形の違和感、意味の違和感の両方に注意を払う**」という鉄則があります。この英文では、先ほどのような誤読をした場合、意味の違和感は覚えないので、形の違和感（あるはずの who がないこと）を手がかりにするしかないのですが、左から右へ読んでいないと、そういうことになかなか気づかないものです。

　このあとの問題の説明では、「左から右へ読む」「形の違和感」「意味の違和感」に何度もふれることになります。

解説 **2**

Kathy was married with a young boy in the forties.

答

40年代には、キャシーは結婚していて、
男の子がひとりいた。

　これもシンプルで一見やさしそうな英文ですが、かなりの割合の人が「キャシーは40代で若い男と結婚した」と読みます。

　結婚に関する表現はよく知られているので、おそらく、この日本語にあたる英文はふつうこうであると、多くの人がご存じでしょう。

　Kathy married a young boy in her forties.

　marry は他動詞で、「〜と結婚する」のときは前置詞をともないません。もし同じ意味で受け身の形になるときは、こんな英文になります。

　Kathy got married to a young boy in her forties.

　前置詞が with ではなく to であることもよく知られています。
　以上のことをもし知っていたら、先ほどの訳文のように読んだ

とき、「形の違和感」を覚えるはずです。そこで強引に押し切るのではなく、ゆっくりと左から右へ読みなおせるかどうかが、誤訳するかどうかの分かれ目です。

　では、あらためて左から右へ読んでみると、

　　Kathy was married

　ここまでの英文の意味は「結婚した」ではなく「結婚していた」です。つまり、結婚するという動作というか、その一瞬の出来事ではなく、結婚相手がいるという状態を指します。そして、繰り返しになりますが、だれかと結婚していたと言いたければ、相手の前につく前置詞は with ではなく to です。

　となると、Kathy was married with a young boy の with のあとは、結婚の相手ではないと言えます。

　結婚の相手ではないなら、いったいなんなのか。ここで思い出してもらいたいのは、young という形容詞の意味です。前著 p.012 にも書いたとおり、young というのは、日本語の「若い」よりずっと範囲が広く、「幼い」や「小さい」なども含むことばです。

　ここで Kathy was married と with a young boy、ふたつの情報をいったん切り離して考えると、「キャシーは結婚していた」と「小さな男の子をともなって」となります。つまり、「結婚していて、子供がひとりいた」と言っているだけなのです。

　「連れ子」をともなって再婚したと読んだ人がいるかもしれませんが、述語動詞は was married（結婚していた）で、継続的な状態を

表しているのですから、連れ子や再婚であるとはかぎりません。

　さて、最後の in the forties ですが、先ほども違和感のところで示したように、「40代で」なら in her forties と言うのが正しい。非常によく似ていますが、in the forties の意味は「40代で」ではなく「40年代に」であり、ここではたぶん「1940年代に」です。前半の意味を勘ちがいして、それに引きずられてここも誤読してしまったということですね。

解説 **3**

I need those financial reports yesterday.

答

その財務報告書が大至急必要だ。

　現在形の文ですが、勝手に needed に脳内変換して「きのう〜が必要だった」と訳さなかったでしょうか。

　いくつかの辞書には出ていますが、特に会話において、yesterday は need や want などの動詞とともに使われたとき、「大至急」という意味になることがあります。

　ほんとうなら、きのう必要だったくらいだから、さっさとしてくれ、というニュアンスですね。

これに似た日本語の言いまわしで、「おととい来やがれ」という
のをなんとなく思い出します。

解説 4

She had been depressing for months when she
learned about the death of her grandmother.

答

彼女は何か月にもわたって周囲の人々の気を
滅入らせていたが、やがて祖母の死を知った。

よくある誤訳例は「祖母の死を知って、彼女は何か月も鬱々と
した」などで、これは2か所を読みちがえています。

第1に、depress は「憂鬱にさせる」ですから、depressing はま
わりの人を憂鬱にさせていたということ。自分自身が憂鬱になっ
たのなら depressed です。何かの理由で（ひょっとしたら、祖母の具合
が悪いので）周囲に八つあたりしていたのでしょう。

第2に、これも「左から右へ読む」をやってみると、前半の She
had been depressing for months の動詞（had been）は過去完了形、後
半の when She learned about the death of her grandmother. の動詞
（learned）は過去形です。前半が過去完了、後半が過去形なら、出

来事が起こった順は、当然前半のほうが先、後半のほうがあとです。つまり、何か月も不機嫌だったところに、追い打ちをかけるように、祖母が亡くなったのです。

　これを訳す場合、ひっくり返して「祖母の死を知ったとき、彼女は何か月も周囲の人たちを憂鬱にさせていた」などとしてもまちがいではありませんが、この英文ではごく自然な順序、時間の順序どおりに出来事が述べられているので、わざわざそれをひっくり返して、ことさらにわかりにくくするよりも、そのままの順に日本語で書くほうが読んでいて頭にはいりやすいです。

5. The importance of that system cannot be overestimated. Not these days.

6. "Don't you look tired?"
   "Never better."

7. Kate was prettiest at the night of the party.

8. ふたつの意味の違いを考えてください。

   Machine translation, as we know it, is still imperfect.

   Machine translation, as we know, is still imperfect.

The importance of that system cannot be overestimated.
Not these days.

答

その制度をこの上なく重視すべきだ。特に最近は。

　ざっと見て、この制度がとても大事なものなのか、逆につまらないものなのか、勘ちがいしやすい英文です。

　1文目のポイントは cannot be overestimated の部分で、ここでは cannot ... too ...（どんなに～してもしすぎることはない）という表現の変形が用いられています。言い換えるなら、cannot be too highly estimated とでもなるでしょう。つまり、高く評価しすぎることはないと言っているのですから、意味としては最上級に近く、「最高のものとして評価すべきだ」、「この上なく重要だ」と言っているわけです。

　2文目の Not these days. は、日本語話者が最も苦手とする否定省略文です。「最近はちがう」などと訳されがちですが、これは these days が not で否定されているのではなく、直前の文の主語・動詞の記憶が残って、その部分が省略されているので、文の形にすると

It cannot be overestimated these days.

を短くした形だと言えます。意味は「最近はこの上なく重視すべ
きだ」ですが、前文につづけると、新たな情報である these days
に焦点があたる感じになるので、「特に最近は」と訳しました。

2文とも正反対の意味にとる可能性のある文です。

解説 6

"Don't you look tired?"
"Never better."

答

「疲れてるんじゃないか」
「絶好調さ」

問題になるのは第2文で、これも否定省略文がらみですが、比
較級の問題もからんでくるので、さらにややこしいかもしれませ
ん。

これも 5. と同じく、前の文の主語・動詞を補って考えるのが原
則です。ただ、この場合、主語は相手から見た you、自分から見
れば I というのは問題ありませんが、自分自身のことなので、動

詞は look（〜のように見える）では変な感じがします。ここは同じ SVC の文型を作る be 動詞を補って考えればいいでしょう。

　となると、主語・動詞を補えば I have never been better. です。

　比較の構文の場合、than 以下を補って考える必要がありますが、ここは現状と比較しているのですから、完全な形は I have never been better than I am now. です。意味は「これ以上によかったことはない」。つまり、いまが最高だということです。

　質問する側は否定疑問文の形を使っていますが、そのことは特に影響せず、「疲れてるんじゃないか」「絶好調さ」というやりとりです。

　ただ、こんなふうに理詰めで考えるのはずいぶん時間がかかりますし、また、とてもよく見かける表現でもあるので、Never better. や Nothing better. は「最高だ」「絶好調だ」を表す決まり文句として覚えておくことをお勧めします。

解説 **7**

Kate was prettiest at the night of the party.

答

そのパーティーの夜、
ケイトはいつにも増して美しかった。

　これのよくある誤訳は「そのパーティーの夜、いちばん美しいのはケイトだった（ケイトはだれよりも美しかった）」です。

　しかし、その訳文に対応する英文は Kate was the prettiest at the night of the party. です。

　形容詞の最上級には、「同一物や同一人の性質や状態を比べる場合、the をつけない」というルールがあります。もう少しわかりやすい例をあげると、

　This lake is the deepest around here.

　This lake is deepest around here.

　このふたつの英文で、上は「この湖は、このあたりでいちばん深い」、つまり、ほかのいくつかの湖と比べてこの湖がいちばん深いと言っています。

一方、the がない下の文は、<u>同じ湖のなかのいちばん深い場所</u>の話をしているので、「この湖は、このあたりがいちばん深い」。訳文は1文字ちがうだけですが、意味がまったく異なり、こちらはたとえば、いま湖でボートに乗っていて、この湖全体のなかで、ここがいちばん深い場所だと言っています。「同一物や同一人の性質や状態を比べる」というのはそういう意味です。

　最初の英文にもどると、ここでは最上級 prettiest に the がついていませんから、比較している相手はほかの人たちではなく、ほかの日の、あるいは、ほかの場所にいるケイト自身です。理由はわかりませんが、パーティーのその夜、その瞬間が最も輝いていたと言っているのです。

ふたつの意味のちがいを考えてください。

Machine translation, as we know it, is still imperfect.
Machine translation, as we know, is still imperfect.

答

われわれの知る現状では、
機械翻訳はまだ不完全だ。

われわれの知っているとおり、
機械翻訳はまだ不完全だ。

上の文と下の文で、ちがいは it があるかないかだけです。

as をなんとなく「のような」という意味だと思ってこれまで切り抜けてきた人にとっては、お手上げかもしれません。

接続詞と関係詞のちがいは、ひとことで言えば、あとに完全な文が来るのが接続詞、あとに不完全に見える文が来るのが関係詞です。

上の文の as we know it で、it はもちろん machine translation を指します。we know it は SVO がそろった完全な文ですから、この as は接続詞。本筋にあるのは「機械翻訳はまだ不完全だ」ですが、

その真ん中に「われわれがいまのそれを知るようなあり方では」という内容の節がはさまっていて、全体としては、「われわれの知る現状では、機械翻訳はまだ不完全だ」という意味になります。

　下の文では、as のあとの we know は、目的語の欠けた不完全な形ですから、as は関係詞。その欠けている目的語こそが先行詞です。関係詞 as はその文の as より前の全部、あるいはあとの全部を先行詞とすることが多いのですが、as の節が文の真ん中にはさまって、前後の全体を先行詞とすることもあります。この場合は、Machine translation is still imperfect. 全体が先行詞であり、we know の目的語でもあります。つまり、「機械翻訳が不完全であること」自体をわれわれが知っているのですから、訳文はたとえば「われわれの知っているとおり、機械翻訳はまだ不完全だ」のようになります。

　このちがいがぴんとこない人は、文法書で英語索引の as を見て、関係詞や接続詞としての用法を確認してください。

9. The theory denied what I thought was the most effective way of improving reading skill.

10. If I should stay here, I would be in your way.

11. Amanda is between boyfriends. The best choice is yours truly.

12. Tom was nice and tired when he got home.

The theory denied what I thought was the most effective way of improving reading skill.

答

最も効果的な読解力改善法だとわたしが
考えるものを、その理論は否定した。

　この英文でよくある誤訳は、「その理論は、わたしが考えたことが最も効果的な読解力改善法であることを否定した」というようなものです。正解の文と同じような意味に感じられるかもしれませんが、英語の読み方が明らかにまちがっています。

　この訳し方をした人は what I thought を主語、was をそれに対する述語動詞と見なして読んでいます。関係代名詞の what は the thing that に相当するので、what I thought は the thing that I thought の変形だということになります。これを、関係代名詞を使う前の文にもどすと、I thought something。おわかりでしょうが、これは正しい英文ではありません。こういうときは、I thought of something や I thought about something などと言うはずです。of や about がないのですから、what I thought だけで主語と考えるのは強引な読み方です。

では、正しい読み方はどういうものでしょうか。ここは、あまり理屈っぽく言ってもわかりにくくなるので、とりあえず読み方のコツだけ言うと、こういうときは what のあとの I thought をとりあえず括弧でくくり、いったんはずして考えてください。すると、残った

　　　what was the most effective way of improving reading skill

の意味は「最も効果的な読解力改善法だったもの」です。これに、さっきの I thought をはさみこむと「最も効果的な読解力改善法だとわたしが考えたもの」となり、これが what 以下の正しい意味です。

　さて、とりあえず括弧でくくった I thought について、あらためて説明します。もともと what 以下は、

　　　I thought the thing was the most effective way of improving
　　　reading skill.

という英文が土台にあり、the thing が前に出て

　　　the thing that I thought was the most effective way of
　　　improving reading skill

つまり

　　　what I thought was the most effective way of improving
　　　reading skill

という形になったものです。thought と was というふたつの動詞がつづくあたりが不恰好に感じられるかもしれませんが、関係代

名詞の基本に立ち返って考えれば、ルールどおりの語順だとわかるはずです。

　この形は、おもに think や say や believe など、思考系・伝達系の動詞にからんでときどき見られるもので、くわしく知りたい人は「連鎖関係（代名）詞節」ということばでネット検索などをしてみてください。

解説 10

If I should stay here, I would be in your way.

答

もしここにとどまったら、
わたしはあなたの邪魔をしてしまいます。

　ときどき見られる誤訳例は「もしここにいなくてはいけないなら、あなたのやり方に従います」のようなものです。

　誤訳例を書いた人が意味をとりちがえているのは、まず前半の should です。この should は仮定法未来などと呼ばれ、if 節で should あるいは were to を使って、「仮に」や「万一」などと訳します。言ってみれば、仮定法と直説法の境目あたりにある言い方で、should ではありますが、「べきだ」や「しなくてはならない」

の意味合いはありません。この英文の前半の意味は、「もしここにいなくてはいけないなら」ではなく、単に「もし（万が一）ここにいたら」です。

　誤訳例の後半は、should を読みちがえたせいで、連鎖反応のような感じでミスを犯しています。in one's way、あるいは in the way of 〜というのは、だれかの通り道の途中にいるということですから、「立ちふさがって、妨害して」という意味です。わたしがここにいたら、あなたの邪魔になってしまう、と言っているのです。

解説 **11**

Amanda is between boyfriends.
The best choice is yours truly.

答

アマンダは恋人募集中。
最有力候補は小生でござる。

　ここからの2問は、簡単そうな単語の意外な意味について。

　この英文の場合、多くの人がまず「アマンダはボーイフレンドふたりのあいだにいる」などと訳し、第2文については何がなんだかわからない、となりがちです。

あたりまえのことですが、わからないときは調べまくりましょう。これについては、「意味の違和感」が明らかにあるはずです。そして、誤訳を防ぐもうひとつの鉄則は、「**自分の持っている知識など、たかが知れていると自覚して、つねに調べ物を怠らないこと**」です。

さて、第1文では、目の前にアマンダがふたりにはさまれた写真があるならともかく、そうでないなら、「ふたりのあいだにいる」というのはなんだか唐突な感じがしませんか。となると、辞書を引くべきことばは between しかありません。

between は、A boy is standing between his parents. のように、空間的、位置的な「あいだ」を指すことが多いのですが、I usually get up between 6 and 7 o'clock. のように、時間的な「あいだ」を表すこともあります。Don't eat between meals. なら、「食事と食事のあいだに食べるな」つまり「間食をするな」です。

では、She is between jobs. はどういう意味でしょうか。仕事と仕事のあいだですから、これは仕事を辞めて、つぎの仕事までのあいだ、つまり「失業中」ということです。

もちろん、これは婉曲表現で、露骨に fired とか unemployed などというのを避けて、あえてまわりくどく言っています。

同様に、She is between marriages. なら、まわりくどく「離婚」を表現しているわけです。

となると、最初の Amanda is between boyfriends. の意味も、もうおわかりですね。これは boyfriend がいなくなって、つぎの

boyfriend までのあいだ、つまり「アマンダは恋人募集中だ」ということです。この場合は、婉曲表現と言うより、むしろちょっとコミカルな言いまわしと言うべきでしょう。

　後半の The best choice is yours truly. は、まったくお手あげだった人が多いと思います。

　Yours truly というのは手紙の結び文句で、日本語では「敬具」などにあたる、ほとんど意味のないことばです。Sincerely yours などとも言いますね。手紙の最後に、形式的ではありますが、わたしはあなたのものである、と書いて、相手への敬意を示すわけです。

　辞書で yours の項目を引くと、くわしい辞書なら、yours truly の意味として、「わたし自身」のことを指す場合に使う、などと書いてあります。ふつうの英文で、I や me と言えばいいところで、わざわざ yours truly と言うわけですから、これは大げさな、持ってまわった、気どった言い方です。辞書によっては、「わがはい」「小生」「わたくしめ」といった訳語を載せています。

　そんなわけで、第2文の訳は大仰に「最有力候補は小生でござる」としてみました。

Tom was nice and tired when he got home.

答

帰宅したとき、トムはいい具合に疲れていた。

　家に帰ったときに疲れているのはよくあることですが、nice が
ふつうの意味だとしたら、ここでは浮いた感じがすると思います。
「意味の違和感」ですね。辞書を引くとしたら nice か and ですが、
複合検索ができる辞書を持っている人は、2語セットで調べれば
おそらくヒットします。

　この nice and という言い方は、あとのことばと並ぶのではなく、
副詞の nicely とほぼ同じ意味で、「ちょうどいい具合に」というニ
ュアンスを持ちます。あるいは、後ろのことばを強めて、「とて
も」という訳語にほぼ相当する場合もあります。

　音読したときには「ナイス・アンド」と分けるのではなく「ナ
イスン」のように and を弱めて読むのがふつうですが、字で読ん
だ場合は見分けがつきませんね。

　これと同様の言い方として、fine and、good and、rare and など
があります。

13. The group plans to hold three parties successively were not successful.

14. I told the girl the cat scratched Ted would help her.

15. All the people that admire a person who paints like Renoir.

16. They have the right that everyone has to live a healthy and cultural life.

The group plans to hold three parties successively were not successful.

答

3つのパーティーを連続して開催するという、
そのグループによる計画は、成功しなかった。

　途中まで読んで、なんだかわけがわからなくなった人もいるかもしれません。そこで、ここでもまた「左から右へ読む」をやってみましょう。

　The group plans to hold three parties successively

　ここまでを、the group を主語、plans を述語動詞と考えて読んでいった人は多いと思います。少なくともここまでについては、その読み方に何の問題もありません。

　しかし、つぎに

　The group plans to hold three parties successively were

まで読み、この were が見えた時点で、あれ、何か変だな、すでに述語動詞があったのだから、また動詞が出てくるはずがないと気

づきます。そこで当然、「予想 ➡ 修正」に向かうことになります。外国人であるわれわれも、ネイティブスピーカーも、このプロセスを経て正しい読み方にたどり着くという点ではまったく同じです。ちがうのは反応の速度、修正の速度だけです。

　そこで最初から読みなおしてみるわけですが、今回は were に対する主語を探しながら読むことになります。そのことを意識して左から目を動かしていけば、さっき動詞として読んだ plans が名詞にもなることを思い出すはずです。名詞 plans のあとに to が来るのは、plan to という動詞＋不定詞のつながりのいわば名残で、よく見られる自然な英語表現ですから、その前の部分を group plan というひとまとまりのことば（グループの計画）と考えれば、were より左側全体がちょっと長めの主部としてとらえられます。そのあと、were not successful が述部となって文が終わり、すっきり納得できるでしょう。

　successively は succeed から派生した副詞ですが、「成功する」ではなく「継続する」の意味のほうの副詞ですから、「連続して」です。

　これは正解できた人が多かったと思いますが、大事なのは焦らずに正しい読み方を探ること。ごまかさず、ゆっくり修正する訓練を積むうちに、スピードは自然についていきます。

　この問題のように、文の切れ目がわかりにくかったり、一部の単語の品詞を判定しづらかったりで、意味や構文を取りちがえやすい英文のことを、「**袋小路文**」（garden path sentence）と呼ぶことが

あります。袋小路文には有名なもの（意地悪なものと言ってもいいです）がいくつかあり、これらは文法のトレーニングに最適です。以下の3問もそれに属します。

解説 **14**

I told the girl the cat scratched Ted would help her.

答

わたしは猫が引っ掻いた少女に、
テッドが助けてくれると告げた。

左から右へ、おそらく多くの人は

I	told	the girl	(that)	the cat	scratched	Ted
S	V	O		S'	V'	O'

のように読んでいくと思います。ところが、あとはせいぜい修飾語句がつづいて終わると予想していたところに would help という動詞が出てきて、おさまりがつかなくなり、困ってしまったのではないでしょうか。予想がはずれたわけですが、そのこと自体に問題はなく、ここからどう修正できるかです。

　修正するにあたっては、結局のところ、文法や語法の知識を土

台として、予想のバリエーションをいくつ思いつき、逆にいくつに限定できるかが鍵になります。

　たとえば、I told のすぐあとに「話した内容」を表す that 節が来ることは（仮に that が省略される形であっても）ありえず、まず「話した相手」が来るはずなので、I told the girl（わたしは少女に話した）までの骨組みは確定したと考えてかまいません。

　つぎに、the girl the cat scratched とつながる部分は明らかに不自然に感じられる形ですが、ここで the girl と the cat のあいだに接続詞の that が省略されているというのが当初の予想でした。しかし、ここで第 2 の予想として、目的格の関係代名詞 that（あるいは whom）が省略されている可能性を思いつけるかどうかがポイントです。

　その予想に基づいて読んでいくと、

I told the girl the cat scratched
S　V　　　　　　　O

までで「わたしは猫が引っ掻いた少女に告げた」となり、そのあとに予想できるのは「話した内容」です。となると、引っ掻いた相手は少女なのですから、scratched の直後に Ted があったとしても、Ted が引っかかれたはずはなく、そのことに動じずに

I told the girl the cat scratched (that) Ted would help her.
S　V　　　　　　　O　　　　　　　S'　　V'　　O'

と読み終えることができるのではないでしょうか。Ted は医者なのかもしれません。

これの典型的誤訳例は、おそらく「わたしはその少女に、テッドを引っ掻いた猫が助けてくれると告げた」です。この訳は

I told the girl the cat <u>who</u> scratched Ted would help her.

のように、勝手に主格の関係代名詞を補ったものですが、この who は省略できないので、その読み方はありえません。そういう意味では、1. の問題と同じタイプの誤読だと言えます。

解説 **15**

All the people that admire a person who paints like Renoir.

画家を尊敬する人はみな、
ルノワールが好きだ。

これも左から右へ読んでいくと、

All the people that admire a man who paints <u>like</u>

まで正しい読み方をしている人なら、admire も paints も主格の関係代名詞の直後にありますから、文全体の述語動詞にはならないとわかるはずです。そこで（ちょっと大げさですが）じっと耐えながら読んでいくと、文のほとんど終わりになってようやく like が現れるので、これが all the people に対する述語動詞だとわかります。一瞬、like が「〜のような」の意味に感じられるかもしれませんが、ルールどおり正しく読んできた自信があれば、その誘惑に負けないでしょう。あとは like の目的語の Renoir があるだけです。

　骨組みとしては、「〜の人々はみなルノワールが好きだ」。主部が paints で終わっているのがちょっといびつな感じがするかもしれませんが、a person who paints はつまり painter のことなので、文法的に正しい文として成立しています。

解説 16

They have the right that everyone has to live a healthy and cultural life.

答

健康で文化的な生活を送るという、
だれもが持っている権利を、彼らは持っている。

誤訳例としては、「だれもが健康で文化的な生活を送らなくては
ならないという権利を彼らは持っている」などです。これは中盤
に見える「見かけの have to」とも呼ぶべき罠に引っかかった例で
す。

　左から右へ読んで、

　They have the right that

まで来たところで、正確な文法的知識がある人なら、この that は
関係代名詞であって、同格名詞節を従える接続詞の that（the fact
that he died「彼が死んだという事実」のように、直前の名詞の内容があとに
来る場合）ではないとわかるはずです。というのも、後者の that が
使えるのは

　　(1) fact、idea、news、chance のように、情報や可能性を表す名詞
　　のあと

　　(2) belief that と believe that ...、possibility that と be possible that
　　... のように、動詞や形容詞の形と that の結びつきがもともと強い
　　場合

のどちらかにかぎられ、right はどちらにも該当しないからです。

　したがって、この that は関係詞なので、

> They have the right that everyone has to live a healthy and cultural life.

とあったとき、that のあとは不完全な文になっているはずであり、その予想のもとに読んでいけば、比較的早く

> They have the right that everyone has / to live a healthy and cultural life.

のように has と to のあいだに切れ目があること、to 以下の部分は that everyone has を飛び越えて right にかかっていることがわかります。

　以上が正しい読み方ですが、現実には right のあとの that を同格名詞節と見てしまうことはよくあるでしょうし、その場合は everyone 以下が（have to という言い方があるために生じた偶然ですが）文法的に正しい完結した文となっているので、「形の違和感」から誤読と気づくことはできません。

　となると、あとは「意味の違和感」ですが、「だれもが健康で文化的な生活を送らなくてはならないという権利を彼らは持っている」と訳したときに、「権利」なのになぜ「〜なくてはならない」なのかという疑問をいだくことができれば、もう一度最初から見なおして、別の読み方を検討することになるはずで、そうなれば「敗者復活」できる可能性が高まります。

　この「見せかけの have to」は、書く側が特に意図しているわけ

ではない「偶然の産物」ですが、偶然にしてはかなりよく見られ、しかも誤読に気づきにくいものなので、注意しておくといいでしょう。

17. Our need for heroes to worship
    generally makes us disregard or deny
    what is ordinary in a great man.
    For the man as he was we substitute,
    sometimes while he is still alive, a
    legend.

18. ふたつの意味のちがいを考えてください。

    Last night I met the attorneys,
    Robert, and Kevin.

    Last night I met the attorneys,
    Robert and Kevin.

Our need for heroes to worship generally makes us
disregard or deny what is ordinary in a great man.
For the man as he was we substitute, sometimes while he is
still alive, a legend.

答

われわれは崇めるべき英雄を必要としているので、
偉人のなかの凡庸な部分を無視したり否定したり
しがちだ。その人物のありのままの姿の代わりに、
ときには本人がまだ生きているうちに、
伝説をあてはめてしまうのである。

　第1文には大きな問題がないので、訳例を見てください。第2文について、たとえば「その人のありのままのあり方のせいで、わたしたちは、ときどきまだ彼が生きているときに、伝説を代用する」のような誤訳例があります。

　第2文を左から右へと読んでいく場合、文頭の For の働きには、とりあえずふたつの可能性があると予想できます。おもに目的を表す前置詞か、あるいは、判断の根拠を示す接続詞か。このふたつは、どちらも「ために」と訳せるので、無自覚に読んでいると混同することがあり、この生徒はなんとなくはっきりさせないま

ま「せいで」という訳にしたのかもしれません。

　ここで、もし For が判断の根拠の接続詞であると考えて読んでいくと、the man が当然主語であり、それに対する動詞があとに現れるはずですが、was の主語が he なのは明らかであり、substitute の主語が we なのも明らかですから、the man に対する動詞はどこにも見あたりません。そこで、For が接続詞である可能性は消えます。

　だから、前置詞の可能性しかありません。接続詞だと思って読んできた人にとっては「予想➡修正」であり、最初から前置詞だと思って読んできた人にとっては「予想➡確認」ですね。

　あらためて前置詞のつもりで読んでいくと、For 以下については、the man as he was までで「ありのままの人間」ですが、he was の前には接続詞の as がありますから、この he was は文全体の主語・動詞にはなれません。

　そして、we substitute まで読んだところで、どうやらこれが文全体の主語と動詞らしいとわかります。それとほぼ同時に、For the man が本来は substitute のあとに来るべきであることや、そのあとのカンマふたつにはさまれた部分を飛ばして読んで、a legend が substitute の目的語であることがわかれば、全体を「われわれはその人物のありのままの姿の代わりに、ときには本人がまだ生きているうちに、伝説をあてはめる」と正しく読むことができるわけです。ただ、そのためには、substitute A for B が「A を B の代わりに使う」という意味の決まり文句であることがもともと頭

にはいっていないとむずかしいでしょう。

　やはり、誤読・誤訳を防ぐためには、つねに理詰めの思考を働かせることと、ある程度の単語・熟語を無条件に覚えていることの両方が必要だと言えます。

解説 **18**

ふたつの意味のちがいを考えてください。

Last night I met the attorneys, Robert, and Kevin.
Last night I met the attorneys, Robert and Kevin.

答

ゆうべ、わたしは弁護士たちとロバートと
ケヴィンに会った。

ゆうべ、わたしはロバートとケヴィンという
ふたりの弁護士に会った。（上の文と同じ意味である可能性もあり）

　これまでいろいろな人たちの訳文を見てきた経験から言うと、いわゆるむずかしい文法項目よりも、文中でカンマがどんな役割をしているかとか、and や or で何と何が並んでいるかとか、そういったことを原因とする誤訳のほうが多いです。

このふたつの文はほとんど同じですが、上の文には、Robert の
あとにカンマがあります。このカンマがあるのとないのとで、ど
のように意味がちがうのでしょうか。

　何か 3 つのものを並べるとき、たとえば「A と B と C」と言い
たければ、英語では「A, B〔,〕and C」と書きます。ここで、and
の前のカンマに括弧がついているのは、カンマがあってもなくて
もいいということです。

　この B のあとのカンマのことを oxford comma、あるいは series
comma と言います。4 つのものが並ぶ場合は、「A, B, C〔,〕and
D」の C のあとのカンマのことです。

　この oxford comma は、できれば抜かないほうがいいとされて
います。というのは、省略すると、伝えようとしたのとはちがう
意味に読めてしまうことがあるからです。

　上の文では、the attorneys、Robert、Kevin の 3 つが対等に並ん
でいますから、わたしが会ったのは何人かの弁護士たちと、ロバー
トと、ケヴィン。つまり、少なくとも 4 人の人と会っています。

　一方、下の文では、Robert のあとにカンマがないので、the
attorneys と Robert and Kevin が同格関係、つまり、弁護士がふた
りいて、その名前がロバートとケヴィンだったというふうに読む
のが筋だということになります。

　　　Last night I met the attorneys, Robert and Kevin.

ただし、この文は上の文と同じ内容のこと、つまり4人以上に会ったことを、oxford comma をつけずに書いたというふうに読めなくもありません。その可能性も頭に置いて、前後の文脈などから判断する必要があります。

19. I don't agree with you, but I know you mean well.

20. I approached his room by an old-fashioned lift that swayed dangerously as it rose to the fourth floor.

21. This is the recipe for the mother of all apple pies.

22. 正しい答を選んでください。
    （integer は整数）

    The total number of integers between 10 and 15 is

    (A) 4　(B) 6　(C) 50　(D) 75

I don't agree with you, but I know you mean well.

答

あなたの意見に賛成はしませんが、
好意でおっしゃっているのはわかります。

　短いですが、読みまちがえる人がとても多い英文です。

　よくある誤訳例は「あなたの意見に賛成はしませんが、言いたいことはよくわかります」などです。これは 16. の問題でもちょっと扱った、関係詞と接続詞の区別があいまいであることが原因になっています。

　では、下のふたつを見比べてください。

　I know what you mean well.

　I know (that) you mean well.

　上の文で、what は関係代名詞。what you mean の意味は「あなたの言いたいこと」ですから、この文は「あなたの言いたいことはよくわかる」ということです。

　一方、下の文では省略してもいい that が接続詞で、そのあとの

you mean well がひとまとまり。mean well というのは、相手に好意をもって何かしたり言ったりするということです。

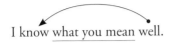

I know what you mean well.

I know (that) you mean well.

well のかかり方で言えば、上は know にかかり、下は mean にかかるということで、それがわかれば正しい訳文を作れるはずです。

解説 20

I approached his room by an old-fashioned lift that swayed dangerously as it rose to the fourth floor.

答

彼の部屋へあがるときは、
危なっかしいほど揺らぐ古めかしい
エレベーターで 5 階まで行った。

より原文に即した訳し方をすれば「エレベーターがあがるにつれて、部屋へ近づいた」という流れになるでしょうが、その部分

はどちらでもかまいません。

　問題があるのは the fourth floor の訳です。

　前著 p.094 にも書いたとおり、建物の階の数え方はアメリカと
イギリスでちがいます。アメリカ式は日本と同じで、1階が first
floor、2階が second floor というふうに、そのまま数に対応します
が、イギリスや、かつてイギリスの植民地だった地域の多くでは、
1階が ground floor で、2階が the first floor。あとは数がひとつず
つずれたまま増えていきます。

　では、この英文はアメリカの話でしょうか、イギリスの話でし
ょうか。こういうとき、文中にイギリス式の綴りの単語 (theatre や
colour など) があったり、あるいはイギリス式の語法 (Have you a pen?
など) があったりすればすぐわかりますが、ここにはそういうもの
はありません。しかし、有力な手がかりになるのが lift という単
語です。エレベーターのことを lift というのはイギリス式で、ア
メリカ英語なら elevator です。

　となると、文中の the fourth floor は、the ground floor の上から
数えての4階、つまり、日本式の言い方で言えば5階ということ
になります。

This is the recipe for the mother of all apple pies.

答

これは極上のアップルパイのレシピだ。

　一見、なんでもない英文に感じられるかもしれません。mother というのは何かを生み出す人だから、「これはすべてのアップルパイの作り手のためのレシピだ」でよさそうな気もします。

　ただ、「すべてのアップルパイ」というのがなんだかまわりくどいし、レシピなら、わざわざ mother のためのなどと言わずに、ただ「アップルパイのレシピ」と言えばいいのではないか。われわれ翻訳者が何かをくわしく調べようとするのは、そういった違和感に基づくことが多いです。

　ただ、この場合、mother を大きな辞書で引いても、おそらく解決しないでしょう。時間をかけて、ネット検索やオンライン辞書で mother of all、あるいは the mother of all を調べると、最近よく使われる用法として、「最高の」「ものすごい」などの意味を持つ決まり文句だということがわかるはずです。

　もう少しくわしく調べていくと、どうやらこれは昔からある言いまわしではなく、湾岸戦争のときにイラクのフセイン大統領が、

この戦争を評して「史上最大の戦争になる」と言ったのが mother of all battles と英訳されたのがきっかけで、それがさまざまなケースで使われるようになったのだと言われていることがわかります。アラビア語では、英語の major や最上級にあたる言い方を mother にあたることばにたとえて言う習慣があるそうで、戦争のせいでアラビア語の表現が英語に輸入されたというわけです。

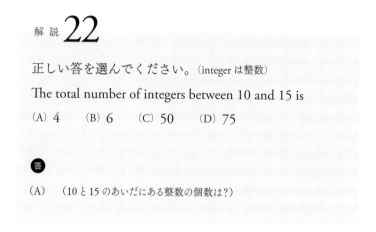

解説 22

正しい答を選んでください。（integer は整数）

The total number of integers between 10 and 15 is

(A) 4　　(B) 6　　(C) 50　　(D) 75

答

(A)　　(10 と 15 のあいだにある整数の個数は?)

　数に関する誤訳はときに致命的な結果をもたらすことがあるので、1問選んでみました。

　以前、これとまったく同じものをツイッターで出題したところ、1,000人ぐらいの人が答えてくれました。そのときの結果は、(A) 35%、(B) 29%、(C) 16%、(D) 20% というものでした。4等分とまでは言いませんが、かなりそれに近いばらけ方ですね。

正解は（A）の4ですが、答がばらけた理由はふたつあります。

　まず、the total number of 〜という言い方。このもとになって
いる the number of 〜は、何かの個数や人数を表します。似た言
い方で a number of 〜というのがありますが、こちらは a lot of 〜
などと同じで「たくさんの」という意味です（「いくつかの」程度の
意味合いにとられる場合もあるようです）。

　ここでは、the total number of 〜なので、合計の個数、人数と
いう意味です。言い換えれば、そういう整数は全部で何個あるか
ということで、それらを足し算しろと言っているのではありませ
ん。足し算の結果、つまり、「合計」という意味なら、the total of
〜、あるいは the sum of 〜などと言うのがふつうです。

　CとDは足し算をしていますから、ここまでの時点で、答はA
かBのどちらか。

　もうひとつのポイントが between A and B ですが、この意味は
「AとBのあいだ」で、両端や境界を含まない表現です。これに
ついては、Chapter 2の【38】でくわしく説明します。

　以上から、この問題の正解は（A）の4です。between は両端を
含まないので、11、12、13、14の4個だというわけです。

PART
_____

B

問 題 編

　それぞれ、英文の下の生徒訳には誤訳や改善すべき点が含まれています。どこをどう直したらいいかを考えてみてください。

1.
『十日間の不思議』（エラリイ・クイーン、早川書房、ハヤカワ・ミステリ文庫）から
（一部改変）

Howard was born in 1917.
It was just before the First War.

ハワードが生まれたのは 1917 年だった。
第 1 次世界大戦が終わるほんの少し前だ。

2.
『名著から学ぶ創作入門』（ロイ・ピーター・クラーク、国弘喜美代共訳、フィルム
アート社）から

They create in words not the real world,
but copies or imitations of it. (they = poets)

詩人が創造するものは、現実の世界ではなく言葉のなかにあり、
模倣したものか、それをさらに模倣したものだ。

3.
『名著から学ぶ創作入門』から

Looking at the political movements in
2020 across national boundaries, it is
difficult to read that paragraph and not
think it prescient.

2020 年の国境をまたいだ政治的運動を見ると、この段落は
読みづらく、先見性があるとも思えない。

『十日間の不思議』から（一部改変）

Howard was born in 1917. It was just before the First War.

ハワードが生まれたのは 1917 年だった。
第 1 次世界大戦が終わるほんの少し前だ。

正解

（第 2 文）アメリカが第 1 次世界大戦に
参戦するほんの少し前だ。

　PART B では、文法以外の理由で誤訳しがちな英文もいくつか扱います。これはそのひとつですが、少々ややこしい説明が必要です。

　1 文目は問題ありません。2 文目は、ごくふつうに読めば「それは第 1 次世界大戦がはじまるほんの少し前だった」と訳すところです。にもかかわらず、この生徒が「終わるほんの少し前」と訳したのは、歴史的事実として、第 1 次世界大戦がはじまったのが 1914 年であることを意識したからでしょう。小説の翻訳をしていると、原文に明らかなまちがいがあることは珍しくなく、ひとつの長編に何か所かあるのはごくふつうなので、この人は作者のミスをカバーしてあげるつもりで、「終わるほんの少し前」と訳した

のだと思います。第1次大戦が終わったのは1918年で、それなら
つじつまが合うからですね。

　しかし、原文が誤りだと決めつける前に、もう少しよく考える
必要があります。第1次大戦がはじまったのはたしかに1914年で
すが、それはヨーロッパにおいての話で、アメリカが参戦したの
は終盤に近い1917年4月でした。アメリカを舞台としたアメリカ
人作家の作品である『十日間の不思議』では、少なくとも登場人
物の意識のなかで「開戦」が1917年だったとしてもおかしくあり
ません。だとしたら、この英文にはなんの誤りもないことになり
ます。これは原文にまちがいがあったのではなく、訳出の際に少
し注意してことばを補うべきケースだったのです。

　「自分の持っている知識など、たかが知れていると自覚して、つ
ねに調べ物を怠らない」のちょっと変わった例ですね。

解説 2

『名著から学ぶ創作入門』から

They create in words not the real world, but copies or
imitations of it. （they = poets）

詩人が創造するものは、現実の世界ではなく言葉のなかにあり、
模倣したものか、それをさらに模倣したものだ。

正解

詩人がことばによって作り出すのは
現実の世界ではなく、その複製か模倣にすぎない。

　生徒訳は They create in words not the real world までを「the real
world ではなく words」と読んでいるようです。一見筋の通った訳
文に感じられますが、よく見ると in の説明がつかなかったり、not
の前にカンマがないことが疑わしかったり、原文のどこにもない
「もの」という語が補われていたり、苦しまぎれの印象を受けます。

　文頭からはじめて、左から右へ読んでいくと、create はふつう
他動詞ですから、目的語が必要であるはずで、前置詞ではじまる
in words が見えた時点で、本来あるべき目的語が後ろへまわって
いるのではないかと予想すべきです。そのつもりで読んでいけば、
右側に not ... but ... の形が見えてきて、その全体が目的語にあた

る部分だとわかります。後ろにまわった長い部分を本来の位置に入れて書きなおすと、

They create not the real world, but copies or imitations of it in words.

ということになり、「現実の世界ではなく、その複製や模倣」をことばで作り出すというのが全体の意味だと納得できるでしょう。

　生徒訳の後半「模倣したものか、それをさらに模倣したもの」は、copies と imitations of it を並列させ、it が copies を指すと見なしているようですが、copies が複数形であることを無視しています。ひとつの読みちがいをきっかけに、強引に帳尻を合わせようとしてますます傷口をひろげてしまった例です。

解説 **3**

『名著から学ぶ創作入門』から

Looking at the political movements in 2020 across
national boundaries, it is difficult to read that paragraph
and not think it prescient.

2020 年の国境をまたいだ政治的運動を見ると、この段落は読み
づらく、先見性があるとも思えない。

正解

2020 年における国境を超えた政治的な
動きを見るにつけ、このくだりを読むと先見性を
感じずにはいられない。

　PART A の 5. と 6. で扱った否定省略文の罠にはまった例です。
生徒訳の後半は

　　it is difficult to read that paragraph <u>and</u> not think it
　　prescient

の and より前の部分は正しく読んでいますが、後半の not think it
prescient を「先見性があるとも思えない」としているのは、英語
の読み方としてでたらめです。it is difficult ではじまっている文な

のに、まるで人を主語とするかのような「思えない」で終わっているので、前半と後半がまったく噛み合っていません。

　これはたしかに読みづらい英文ですが、まず考えるべきなのは**「and によって何と何が並んでいるか」**であり、並ぶふたつは似た構造になっているのがふつうです。ここでは、and のあとの not は前半の何かと並びようがないので、そのあとの動詞 think と並ぶのは何かと考えれば、当然それは動詞 read でしょう。だとしたら、ここは

$$
\text{it is difficult}\quad \text{and}\quad
\begin{cases}
\text{to read that paragraph}\\[4pt]
\text{not (to) think it prescient}
\end{cases}
$$

のような形に並列させて読むのが正しい。意味は「"この段落を読んで、かつ、先見性があると思わないこと" がむずかしい」ということですから、砕いて言うと「この段落を読めば、ふつうは先見性があると思うはずだ」のような感じに訳せるはずです。

　否定がらみの誤訳で恐ろしいのは、この例のように、しばしば正反対の意味に解釈してしまうことです。これを避けるには、ゆっくり時間をかけてかまわないので、立ち止まって、何が省略されているかや何が並列されているかを考えるしかありません。それを繰り返していくうちに反応スピードが速くなるものです。

4. 『フォックス家の殺人』（エラリイ・クイーン、早川書房、ハヤカワ・ミステリ文庫）から

All seemed over but the technical admission of failure.

すべてが完了し、あとは技術的にまずいところが少し残された。

5. 『フォックス家の殺人』から

A double-doored, six-foot refrigerator stood against the wall.

壁沿いに観音開きの 6 フィートの冷蔵庫が置いてあった。

6. 「ライリーの死」（『真っ白な嘘』フレドリック・ブラウン、創元推理文庫所収）から

A lot of ink it got, the Death of Riley. Glory and to spare, with an election coming up and Riley a relative of the mayor and a member in good standing of the political party in power.

ライリーの死に関してはたくさんのインクが費やされた。名誉ある死であること、そして、選挙が迫っていることもあって、政権与党の党員である現職市長の親戚であることも大きく取り上げられた。

7. 『十日間の不思議』から（一部改変）

The Van Horns must be of the Mitsubishis of the community — the Country Club crowd, between the traditional caste and whom the fence was unscalable.

ヴァン・ホーン家は地域社会——つまりカントリークラブの仲間内——では三菱のような存在なのだろう。伝統的な社会階層のあいだにはさまれ、垣根をひろげてもらえないでいるわけだ。

『フォックス家の殺人』から

All seemed over but the technical admission of failure.

すべてが完了し、あとは技術的にまずいところが少し残された。

正解

すべて終結したようだったが、厳密には 失敗を認めざるをえなかった。

　前著 p.050 で technically が「技術的に」とはかぎらないと書き
ましたが、これはその応用です。

　生徒訳「技術的にまずい」は technical が failure を修飾するかの
ように読んでいますが、もちろん、この単語の並びなら technical
は admission を修飾しています。technically が多くの場合に「厳密
に言えば」になることを知っていれば、この technical も「厳密に
解釈した場合の」だと推測できるでしょう。technical admission of
failure を噛み砕いて文の形で言うと、Technically, you should admit
your failure. のような形になると考えられますから、ここは「厳密
には失敗だと認めざるをえない」のように訳すことができます。

　なお、この but は except とほぼ同義で、but 以下は All にかかり
ます。逆接の but のように訳しても、全文の意味はほぼ同じです。

『フォックス家の殺人』から

A double-doored, six-foot refrigerator stood against the wall.

壁沿いに観音開きの 6 フィートの冷蔵庫が置いてあった。

正解

壁沿いに、ドアがふたつある
高さ 6 フィートの冷蔵庫が置かれていた。

これも文法の問題ではありません。

まず、原文どおりではありますが、「6 フィートの冷蔵庫」だけでは何が 6 フィートなのかわかりませんから、「高さ 6 フィート（約 180 センチ）の冷蔵庫」のほうがいいでしょう。

ポイントは double-doored ですが、「観音開き」でいいでしょうか。「観音」はあまりにも仏教っぽいので翻訳では避けたほうがいいと思いますが、とりあえずいまはその問題は無視します。

観音開き（両開き）の冷蔵庫というのは、次ページの図 1 のように中央から左右両側へドアを開くタイプです。「左右開き」というと、最近では図 2 のように左右どちらからでもあけられるタイプを指すので、まぎらわしいですね。

ただ、double-doored というのは、要はドアがふたつあると言っているだけですから、ほかの可能性もあります。『フォックス家の殺人』が書かれたのは1940年代なので、このドアは左右ふたつではなく、上下ふたつ、つまり図3のように、単に冷蔵庫と冷凍庫が具わったものを指している可能性が高いです。現代では、上下にふたつあるのはあたりまえですから、わざわざ double-doored などとことわりませんが、1940年代では事情が異なったのではないでしょうか（仮に swing-open や side by side などと書いてあれば「観音開き」と確定できます）。

　そんなこともあって、わたしの訳では単に「ドアがふたつある」としました。おそらく上下ふたつなのですが、確定できなかったので、いわば安全策ということです。

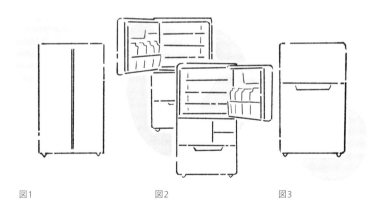

図1　　　　　　　　　図2　　　　　　　　　図3

「ライリーの死」(『真っ白な嘘』所収)から

A lot of ink it got, the Death of Riley. Glory and to spare, with an election coming up and Riley a relative of the mayor and a member in good standing of the political party in power.

ライリーの死に関してはたくさんのインクが費やされた。名誉ある死であること、そして、選挙が迫っていることもあって、政権与党の党員である現職市長の親戚であることも大きく取り上げられた。

正解

ライリーの死について、多くが書き立てられた。
選挙が迫るなか、ライリーが市長の親戚で、
政権与党の正規党員でもあったため、
あり余るほどの栄誉が授けられた。

1文目のインクのくだりは、新聞記事のことを指していて、生徒訳のままでもかまいません。問題は2文目で、生徒訳は with 以下の構造を読みとれていないようです。これは「付帯状況の with」と呼ばれ、with + O + C の形で、あとから説明を加えていく構文です。He sat with his legs crossed. のように、C の位置には過去分詞や現在分詞、ふつうの形容詞のほか、名詞がはいることもあ

ります。

　この文では、Glory and to spare（あり余るほどの栄誉）と言ったあと、このような構造になっています。

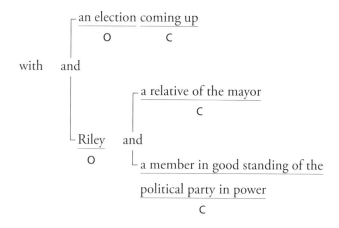

　このなかにはOとCの組み合わせが3つあり、「選挙が迫っている」「ライリーが市長の親戚である」「ライリーが政権与党の有力メンバーである」が付随情報であるとわかりますが、あり余るほどの栄誉（S＋Vの形にはなっていませんが）との関係を文脈から考えて、訳例のように処理しました。

『十日間の不思議』から（一部改変）

The Van Horns must be of the Mitsubishis of the community—the Country Club crowd, between the traditional caste and whom the fence was unscalable.

ヴァン・ホーン家は地域社会──つまりカントリークラブの仲間内──では三菱のような存在なのだろう。伝統的な社会階層のあいだにはさまれ、垣根をひろげてもらえないでいるわけだ。

正解

ヴァン・ホーン家は地域社会のミツビシ財閥のような存在で、カントリークラブに集まる面々の一員であり、旧来の上流階級とのあいだにある塀を乗り越えられない。

　後半の構造が非常にわかりにくく、生徒訳はそれを読みとれずに適当にことばをつなげて筋を通そうとしていますが、結果として意味が大きくずれています。

　まず生徒訳は the Country Club crowd をダッシュの前の the community と同格と見なしていて、まずつまずいています。ここは the Mitsubishis of the community と同格と見て、「ヴァン・ホーン家＝地域社会の三菱のような存在＝カントリークラブに集まる

ような人々」ととらえていくのが自然であり、そう読まないと意味が通りません。

　そして、between 以下がさらにわかりにくい。between the traditional caste and whom the fence was unscalable の部分はどういう構造になっているでしょうか。whom は関係代名詞だろうと想像できるでしょうが、複雑なので、まずもう少し単純なこの例から考えてみましょう。

　　the trees on the leaves of which silkworms feed
　　カイコが葉を常食としている木

　上の文の the trees は which の先行詞で、もとになっているのは

　　Silkworms feed on the leaves of the trees.
　　カイコはその木の葉を常食とする。

という文です。上の文では the trees が which に変わって on the leaves of と連動しているので、見たところ複雑な感じがしますが、ルールどおりの動き方をしています。

　問題の英文もこれと似た構造になっていて、

　　the Country Club crowd, between the traditional caste and whom
　　the fence was unscalable

のように、whom の前に between the traditional caste and がはさまっているのでわかりにくいですが、the Country Club crowd が whom の先行詞で、もとになっている文は

> The fence between the traditional caste and the Country Club crowd was unscalable.

であり、意味は「旧来の特権階級とカントリークラブの面々のあいだにある塀は乗り越えられなかった」です。

　これはたぶんネイティブにとっても頭にはいりにくい文なので、複雑な英文をよほど読み慣れた人以外は、このように解きほぐしていく作業をしたほうがいいです。

　現代の感覚（とりわけ、日本人の感覚）だと、三菱やカントリークラブの面々はむしろ旧来の特権階級の側に属するような気がしますが、ここではむしろ新興の富裕なビジネスマンと見なされ、ヨーロッパの祖先から引き継いだものを持つ貴族階級とは別物とされています。そのわかりにくさも、生徒訳が混乱をきたした一因かもしれません。

　なお、最終訳例で三菱を「ミツビシ」としたのは、アメリカ人から見れば異国の財閥であるという感じを出したかったからです。

8. 『十日間の不思議』から（一部改変）

In the town was the old Square, which was round, with the hub of Founder Jezreel Wright's bronze.

町には古い円形の広場があり、その中央には創立者ジェズリール・ライトの銅像があった。

---

9. 『天使と嘘』（マイケル・ロボサム、早川書房、ハヤカワ・ミステリ文庫）から

For every perpetrator who was punished, three walked away without being charged, or were cleared by a jury.

逮捕された加害者のうち、3人が起訴されずに自由の身となるか、陪審によって無罪を宣告された。

---

10. 『小説　アナと雪の女王2』から（ウォルト・ディズニー・ジャパン、ないとうふみこ共訳、KADOKAWA、角川文庫）（一部改変）

The Northuldra whispered and paced nervously, even though Mattias smiled at Yelana. Elsa felt the discomfort as well as saw it.

マティアスがイエレナに笑みを向けても、ノーサルドラの人々は声をひそめて話し、落ちつきなくうろついていた。エルサはそれを見て、きまり悪さを覚えた。

11. 『十日間の不思議』から（一部改変）

The studio was thronged with sculptures, worked directly in the stone on a solid geometric basis.

そのスタジオには、頑丈な幾何学様式の土台の上で石からじかに彫られた彫像がところせましと並んでいた。

12. 『世界物語大事典』（ローラ・ミラー編、三省堂）から

In telling the king's stories this poem touches on many existential questions, such as what it means to be mortal in an eternal world, how human nature differs animal and divine and the ethics of political power and military force.

この詩は、王の物語を語るにあたり、存在に関わる多くの問いに触れる。永遠の世界において、死すべき運命にあるとはどういうことなのか。人間の性質は、動物、神、政治権力や軍事力の倫理とどう違うのか。

解説 **8**

『十日間の不思議』から（一部改変）

In the town was the old Square, which was round, with the hub of Founder Jezreel Wright's bronze.

町には古い円形の広場があり、その中央には創立者ジェズリール・ライトの銅像があった。

正解

町には古い広場が（スクエア）——正方形（スクエア）ではなく円形だが——あり、その中央には創立者ジェズリール・ライトの銅像が据えられていた。

　生徒訳は誤訳というほどではありませんが、大事なことをひとつ読み落としています。square は広場ですが、この語には「正方形」という意味もあります。ここでは、名前は正方形なのに形は円であるという、ちょっとしたことば遊びをしているので、できれば訳文にもそのニュアンスを出したいところです。本音を言えば、日本語の駄洒落か何かで処理したいのですが、おもしろいかどうかは別として、とりあえず原文の情報を伝えるために、ふたつの単語に「スクエア」とルビを振りました。こういう技巧については Chapter 3 でくわしく扱います。

『十日間の不思議』はエラリイ・クイーンの中期作品で、これ以降の作品でしばしばこの「square なのに round」ということば遊びが登場します。いわば作家の癖なので、日本でクイーンの作品を紹介するときには、こういう部分をおろそかにはできません。

解説 9

『天使と嘘』から

For every perpetrator who was punished, three walked away without being charged, or were cleared by a jury.

逮捕された加害者のうち、3人が起訴されずに自由の身となるか、陪審によって無罪を宣告された。

正解

逮捕された加害者のうち、起訴されずに
自由の身になった者や陪審によって
無罪とされた者は、有罪になった者の3倍いた。

この for every の形の誤訳は、非常によく見かけます。for は「〜に対して」、every は「それぞれ」の意味なので、罰せられたperpetrator ひとりに対して three（perpetrators）、つまり3倍の人が自由になるか無罪を宣告された、と言っているのです。

everyとeachがともに単数扱いであることは、おそらく多くの人がご存じでしょう。もしこの英文でeveryではなくeachが使われていれば、読みちがえる人は少ないはずですが、なんとなくeveryは「すべて」、eachは「それぞれ」という訳語で認識されることが多いので、このようなことがよく起こります。

解説 10

『小説 アナと雪の女王2』から（一部改変）

The Northuldra whispered and paced nervously, even though Mattias smiled at Yelana. Elsa felt the discomfort as well as saw it.

マティアスがイエレナに笑みを向けても、ノーサルドラの人々は声をひそめて話し、落ちつきなくうろついていた。エルサはそれを見て、きまり悪さを覚えた。

正解

マティアスがイエレナに笑みを向けても、
ノーサルドラの人々は声をひそめて話し、
落ちつきなくうろついていた。エルサには
そのとまどいが、目と心の両方で感じとれた。

第1文は問題ありません。第2文で生徒訳はas well asを無視し、

おそらく as she saw it のように読み替えたのではないでしょうか。

　as well as は A as well as B のように並列の形で使うのがふつうで（意味の中心は A のほう）、この文では felt the discomfort と saw it（＝discomfort）が並べられています。この discomfort（不快感）は、エルサが見ると同時に感じとるわけですから、生徒訳のような自分自身の不快感（きまり悪さ）ではなく、そこにいたノーサルドラの人々の不快感（ぎこちなさ、とまどい）を表しています。

　訳出するのがむずかしい文ですが、felt と saw の並列がはっきりわかるように、ここでは「目と心の両方で」としてみました。これには、ふつうの人間は目でしか感知できないけれど、魔法の力を持つエルサは直接心でも感知できたという含みがあると思います。

解説 11

『十日間の不思議』から（一部改変）

The studio was thronged with sculptures, worked directly in the stone on a solid geometric basis.

そのスタジオには、頑丈な幾何学様式の土台の上で石からじかに彫られた彫像がところせましと並んでいた。

そのアトリエには、完璧な幾何学的基準で
石をじかに彫った数々の彫像が並んでいた。

生徒訳は一見自然に感じられますが、よく考えてみて、「頑丈な幾何学様式の土台の上で石からじかに彫られた彫像」というものを映像として思い描けるでしょうか。土台だけが幾何学様式というのはちょっと変ですし、「土台の上で石からじかに彫る」のはきわめて不自然です（意味の違和感）。「土台の上に載った直彫りの像」なら意味は納得できますが、こんどは worked の前だけにカンマがあるのが不自然で、その意味なら stone のあとにもカンマを打つか、あるいはカンマをひとつも打たないか、どちらかになるはずです（形の違和感）。

　ふたつの違和感をもとに、もう一度ていねいに見なおしてみたとき、文末の単語が base ではなく basis であることに気づきます。basis には「土台」という意味もありますが、base に比べて比喩的に使うことがはるかに多く、on a ... basis の形で「〜という基準で」という意味になります。ここは、物質としての土台があったのではなく、たとえば体の各部分の長さの比を一定にするなど、なんらかの幾何学的な基準に則って彫ったと理解すれば、形と意味の両方の違和感が解消されます。

解説 **12**

『世界物語大事典』から

In telling the king's stories this poem touches on many
existential questions, such as what it means to be mortal in
an eternal world, how human nature differs animal and
divine and the ethics of political power and military force.

この詩は、王の物語を語るにあたり、存在に関わる多くの問いに触
れる。永遠の世界において、死すべき運命にあるとはどういうこと
なのか。人間の性質は、動物、神、政治権力や軍事力の倫理と
どう違うのか。

正解

この詩は、王の物語を語るにあたって、
人間という存在にかかわる多くの問題にふれていく。
永遠の世界において、死すべき運命にあるとは
どういうことなのか。人間の性質は動物や
神とどう異なるのか。そして、政治権力や
軍隊の倫理はどうあるべきか。

『ギルガメシュ叙事詩』についての解説文の一部です。

最初のカンマ、つまり such as の前まで、生徒訳は正しく読めて
います。問題は such as のあとで、どことどこがどう並んでいるか

ということですが、この訳を書いた人は

such as <u>what it means to be mortal in an eternal world,</u> <u>how human nature differs animal and divine and the ethics</u> <u>of political power and military force</u>

のように、実線部分と波線部分のふたつを並べて読んでいます。たしかに、一方は what ではじまり、一方は how ではじまりますから、きれいに並んでいるようにも見えますが、ふたつのものが並ぶなら、あいだに and がはいるのが原則です。しかし how の前にははいっていません。

　また、how からあとの後半では animal 以下を「動物、神、政治権力や軍事力の倫理」というように、4つのものを並べているのか、あるいは animal、divine、the ethics の3つを並べて読んでいるのか、この訳文だけではどちらとも言えますが（おそらく後者でしょう）、いずれにせよ、PART A の 18. で確認した、3つなら「A, B （,） and C」、4つなら「A, B, C （,） and D」になるというルールを無視しています。

　この文の正しい読み方は

such as <u>what it means to be mortal in an eternal world,</u> how human nature differs <u>animal and divine</u> and <u>the ethics</u> of political power and military force

のように3つに分けて並べることです。最初のふたつは what、how

という疑問詞ではじまり、3つ目は the ethics からなので、ちょっ
とバランスが悪いのですが、どれも名詞的なまとまりですから、並
べて読むことに問題はありません。

　そして何より、この3つは「A, B ⒨ and C」の形にぴったりお
さまっています。

　わたしの訳文では、3つが並んでいるのをわかりやすく見せる
ために、最後にちょっと手を加えて「永遠の世界において、死す
べき運命にあるとはどういうことなのか。人間の性質は動物や神
とどう異なるのか。そして、政治権力や軍隊の倫理はどうあるべ
きか」としてみました。

13. 『クリスマス・キャロル』（ディケンズ、KADOKAWA、角川文庫）から

※スクルージとマーリーは共同経営者で、マーリーの死後もスクルージはそのまま仕事をつづけています。

The firm was known as Scrooge and Marley.
Sometimes people new to the business called
Scrooge Scrooge, and sometimes Marley, but he
answered to both names.

会社はスクルージ・アンド・マーリーという名前で知られていた。その仕事をあまり知らない人々はスクルージ・スクルージと呼ぶこともあれば、マーリーと呼ぶこともあったが、スクルージはどちらの名前にも反応した。

14. 『ニック・メイソンの第二の人生』（スティーヴ・ハミルトン、KADOKAWA、角川文庫）から

※服役囚のメイソンのもとに、なぜか看守をも自由に動かせる大物服役囚から呼び出しがかかります。メイソンは最初は無視していましたが、やがて看守に連れられてその男のもとへ向かいます。謎の男はこう言います。

"Musta seemed strange to you. Maybe that's why
you said no. You wasn't curious at all?"

「きみにはマリファナは奇妙なものだったろう。おそらく、だからノーと言った。ぜんぜん興味がなかったのか?」

15. 『天使と嘘』から

※語り手（わたし）はイギリスのパブでガスリーという友人と待ち合わせています。わたしが店にはいったときのガスリーの様子です。

He's perched on a stool with an empty pint glass resting between his elbows, watching a fresh beer being pulled.

ガスリーはスツールに座ってテーブルに両肘をつき、そのあいだに置いた空のグラスに新鮮なビールが注がれるのをじっと見ていた。

16. 『十日間の不思議』から

※ハワードの父親は地元の権力者で、失踪した息子を探すために全力を尽くしましたが、ハワードを見つけることはできませんでした。Inspector Queen はこれを聞いているエラリイの父親で、ニューヨーク警察の警視です。

"Father had all the cops in the East out looking for me," grinned Howard. "Doesn't speak well for Inspector Queen's profession."

「父は東部の警官を総動員してぼくを探してたよ」ハワードはにやりとした。「クイーン警視の職業についてはあまりよく言ってない」

『クリスマス・キャロル』から

※スクルージとマーリーは共同経営者で、マーリーの死後もスクルージはそのまま仕事を
つづけています。

The firm was known as Scrooge and Marley. Sometimes people new to the business called Scrooge Scrooge, and sometimes Marley, but he answered to both names.

会社はスクルージ・アンド・マーリーという名前で知られていた。その仕事をあまり知らない人々はスクルージ・スクルージと呼ぶこともあれば、マーリーと呼ぶこともあったが、スクルージはどちらの名前にも反応した。

正解

会社は〈スクルージ＆マーリー商会〉の名で
知られている。最近知り合った者は、
スクルージをスクルージと呼ぶこともあれば、
マーリーと呼ぶこともあったが、
スクルージは両方の名前に返事をした。

　2文目の new to the business はいくつか意味が考えられ、生徒訳でもかまいません。そのあとの called Scrooge Scrooge の読み方が問題で、「スクルージ・スクルージと呼ぶ」なら「だれを」または

「何を」という情報が必要ですが、このあとには何もなく、そこで「形の違和感」に気づくべきです。正しいのは、これを

Sometimes people new to the business called Scrooge Scrooge
　　　　　　　　S　　　　　　　　　　　V　　　O
　C

のような第5文型と見なし、and 以下にことばを補って

and sometimes [called Scrooge] Marley
　　　　　　　　　　V　　　　　　　C

と読むことです。ちょっとした袋小路文の一種かもしれません。

解説 **14**

『ニック・メイソンの第二の人生』から

※服役囚のメイソンのもとに、なぜか看守をも自由に動かせる大物服役囚から呼び出しがかかります。メイソンは最初は無視していましたが、やがて看守に連れられてその男のもとへ向かいます。謎の男はこう言います。

"Musta seemed strange to you. Maybe that's why you said no. You wasn't curious at all?"

「きみにはマリファナは奇妙なものだったろう。おそらく、だからノーと言った。ぜんぜん興味がなかったのか」

正解

「きみは妙に思ったにちがいない。たぶん、だから拒絶した。まったく興味が湧かなかったのか」

gonna、wanna、gotta（それぞれ、going to、want to、got to）のような会話向きの俗語はよく知られていますが、-a の音で終わる形はto のほかに have もあることはあまり知られていないようです。この生徒もおそらくそのことを知らなかったようで、先頭の Musta を「マリファナ」という意味にとっています（たしかに、一部の辞書に musta にそういう意味があると載っています）。また、「マスタ」という人名や、車の Mustang の短縮形だと思った人もいました。

この台詞は、第3文の You wasn't からもわかるとおり、かなりくだけた俗語で書かれています。先頭の Musta もそうで、これはMust have が縮まったもの。助動詞＋ have の形では、ほかにshoulda、woulda、coulda などがあります。

解説 **15**

『天使と嘘』から

※語り手（わたし）はイギリスのパブでガスリーという友人と待ち合わせています。わたしが店にはいったときのガスリーの様子です。

He's perched on a stool with an empty pint glass resting
between his elbows, watching a fresh beer being pulled.

ガスリーはスツールに座ってテーブルに両肘をつき、そのあいだに置いた空のグラスに新鮮なビールが注がれるのをじっと見ていた。

ガスリーはスツールに浅くすわって、
空になったパイントグラスの両側に肘を突き、
つぎのグラスに新しいビールが
注がれるのを見やっている。

　文法的にむずかしいところはありませんが、生徒訳を作った人は英文で描かれている場面と大きく異なる絵を頭に描いています。

　まず、perch は「すわる」にはちがいないのですが、鳥がとまり木にとまるような動作を表しているので、stool（背もたれのない椅子）の意味も合わせて考えると、ガスリーはテーブル席ではなくカウンターにいると見てまちがいありません。

　with an empty pint glass resting between his elbows は PART B の6. にも出てきた付帯状況の with を用いた構文で、これについては生徒訳に大きな問題はありません。

　いちばんまずいのは watching a fresh beer being pulled の読み方で、生徒訳は目の前の自分のグラスに（瓶やピッチャーから）ビールが注がれたと解釈していますが、この pull は「注ぐ」にはちがいないものの、樽やサーバーからグラスに流しこむ動作です。つまり、このグラスは目の前にあるのではなく、おそらくカウンターの奥でバーテンダーかだれかが注いでいるのをガスリーは見守っ

ているわけです。ガスリー自身が注文したビールなのかどうかは、この文だけでは判定できません。

　わたしの訳文では、自分の目の前のグラスではないとはっきりさせるために、「つぎのグラス」「見やっている」ということばを使っています。

　日本のようにおかわりのビールをグラスにつぎ足したりはしないということは、実際にイギリスでパブにはいったことがある人ならご存じでしょうが、そういう経験がなくても、映画などでこの手のシーンを何度か見たことがあれば、かなり高い確率で誤訳を防げるでしょう。

解説 **16**

『十日間の不思議』から

※ハワードの父親は地元の権力者で、失踪した息子を探すために全力を尽くしましたが、ハワードを見つけることはできませんでした。Inspector Queen はこれを聞いているエラリイの父親で、ニューヨーク警察の警視です。

"Father had all the cops in the East out looking for me," grinned Howard. "Doesn't speak well for Inspector Queen's profession."

「父は東部の警官を総動員してぼくを探してたよ」ハワードはにやりとした。「クイーン警視の職業についてはあまりよく言ってない」

「父は東部の警官を総動員してぼくを探してたよ」
ハワードはにっこりした。「クイーン警視のお仲間は
あまり優秀とは言えないようだ」

　前半は OK で、後半の台詞が問題です。生徒訳は省略された主
語を Father と見なしていて、それ自体は不自然ではありませんが、
speak well for と speak well of（〜のことをよく言う）を混同していま
す。speak well for はふつう物事を主語とし、「〜のよい証明とな
る」「〜に有利な証拠となる」といった意味を持ちます。つまり主
語は Father ではなく、漠然と前の文全体の状況を指していて、「総
動員したこと（にもかかわらず、ぼくを見つけられなかったこと）は、ク
イーン警視の仕事（警察）にとってよい証拠にならない」と言って
いるわけです。

　これは形と意味の違和感からは誤読に気づきにくかったかもし
れません。あえて言えば、生徒訳のように後半の主語も Father と
とるなら、Doesn't speak のところが過去形であるほうが自然で、
しかも主語の He を省略しないのがふつうである、という 2 点を
指摘できます。

17. 『おやすみの歌が消えて』（リアノン・ネイヴィン、集英社）から

※「ぼく」は小学校低学年の男の子で、この文章の語り手です。Mrs. Colaris はかなり年配の先生で、きょうは雨が降っています。

"Not too much to play outside," Mrs. Colaris said. "What, are we made of sugar?" The rain didn't bother us. We played soccer, and our hair and jackets got wet.

「あまり長く外で遊んじゃだめよ」コラリス先生が言った。「なんで？ぼくたち、おさとうでできてるわけじゃないのに」ぼくたちは雨なんか気にしなかった。サッカーをして、かみの毛もジャケットもずぶぬれになった。

18. 『ニック・メイソンの第二の人生』から

※ Mason は新米の殺し屋で、Quintero はその監視役である冷酷な男です。これは Mason がある男を殺しに出かける場面で、相手には何人もの護衛がついているとわかっています。

"You need to get over this," Quintero said to him. "Killing one man and leaving everybody else alive."

Mason didn't answer. He loaded the plugs into the shotgun.

"That gun in your hands, you think it cares who's on the other end?"

Mason looked up at him.

"You gotta be the same way," Quintero said. "Before this bullshit gets you killed."

「どうにかやりとげろ」キンテーロがメイソンに言った。
「殺すのはひとりで、そのほかは全員生かしておくんだぞ」
メイソンは返事をせずに、ショットガンにシリコン弾を詰めた。
「おまえが手にしてるそいつが、銃口の先にいる相手を気にかけると思うか?」
メイソンはキンテーロを見あげた。
「おまえもそうなれ」キンテーロは言った。「自分が殺される前にな」

『おやすみの歌が消えて』から

※「ぼく」は小学校低学年の男の子で、この文章の語り手です。Mrs. Colaris はかなり年配の先生で、きょうは雨が降っています。

"Not too much to play outside," Mrs. Colaris said. "What, are we made of sugar?" The rain didn't bother us. We played soccer, and our hair and jackets got wet.

「あまり長く外で遊んじゃだめよ」コラリス先生が言った。「なんで? ぼくたち、おさとうでできてるわけじゃないのに」ぼくたちは雨なんか気にしなかった。サッカーをして、かみの毛もジャケットもずぶぬれになった。

正解

「これぐらいなら外で遊べるでしょ。
だってみんな、おさとうでできてるわけじゃ
ないんだもの」とコラリス先生が言ってた。
雨なんか気にならなかった。
みんなでサッカーをして遊んだから、
かみの毛も上着もびしょぬれになったんだ。

生徒訳について、後半は問題ありません。

最初の否定のところで意味を取りちがえて、そこからさらに、連鎖反応のように、もっと大きな誤訳を犯しています。

　最初の台詞の訳ですが、これは英語をしっかり見ないで、いかにも年配の女性の先生が言いそうなことを書いています。

　not too much to play outside は、too ... to ... の構文の否定ですから、意味は「多すぎて外で遊べないわけではない」。つまり遊べるんです。何が多いのかというと、この流れなら、雨の量と考えるのが自然です。ここは「これぐらいなら外で遊べるでしょ」とでも訳すといいでしょう。最初の生徒訳とは正反対の意味ですね。

　この人はもうひとつ、大きなミスをしています。いまの部分を逆の意味にとったせいでもありますが、2番目の「なんで？　ぼくたち、おさとうでできてるわけじゃないのに」の部分が変です。これはぼくの言ったことばではなく、コラリス先生のことばであり、「これぐらいなら外で遊べるでしょ、なんたって、みんな、おさとうでできてるわけじゃないんだから」と、子供たちを励ましているのです。

　このまちがいは、前の部分の意味を逆にとったから仕方がないとも言えますが、よく見ると、このミスに気づいて修正するための手がかり、いわば「敗者復活」の手がかりがひとつあります。

　それは、1行目の台詞

　　　　"Not too much to play outside,"

の最後にあるカンマです。ここはピリオドではなくカンマなので

すから、この台詞は終わっていなくて、同じ人物、コラリス先生の台詞がさらにつづくのがふつうです。そのことに気づけば、あとの台詞は先生のものだとわかり、ひょっとしたら、そこから考えて、最初の台詞のまちがいにも気づけたかもしれません。

これも、カンマひとつが大きな意味を持った例です。

解説 18

『ニック・メイソンの第二の人生』から

※ Mason は新米の殺し屋で、Quintero はその監視役である冷酷な男です。これは Mason がある男を殺しに出かける場面で、相手には何人もの護衛がついているとわかっています。

"You need to get over this," Quintero said to him. "Killing one man and leaving everybody else alive."

Mason didn't answer. He loaded the plugs into the shotgun.

"That gun in your hands, you think it cares who's on the other end?"

Mason looked up at him.

"You gotta be the same way," Quintero said. "Before this bullshit gets you killed."

「どうにかやりとげろ」キンテーロがメイソンに言った。「殺すのはひとりで、そのほかは全員生かしておくんだぞ」

メイソンは返事をせずに、ショットガンにシリコン弾を詰めた。

「おまえが手にしてるそいつが、銃口の先にいる相手を気にかけると思うか?」
　メイソンはキンテーロを見あげた。
　「おまえもそうなれ」キンテーロは言った。「自分が殺される前にな」

正解（冒頭2行のみ）

「よけいなことは考えるな」
キンテーロがメイソンに言った。
「殺すのはひとりだけで、あとは生かすなんて」

　最初の説明も含めて、かなり長いのですが、これは全体を読んでもらう必要があります。
　問題があるのは冒頭のこの部分です。おそらく、多くの人が同じ個所で誤読したと思いますが、ここでは、それをいったん保留にして、このまま先へ進みます。

"You need to get over this," Quintero said to him. "Killing one man and leaving everybody else alive."

　「どうにかやりとげろ」キンテーロがメイソンに言った。「殺すのはひとりで、そのほかは全員生かしておくんだぞ」

　つづく個所には、最後までまちがいはありません。ただ、ずっ

と読んでいって、何か変に感じられないでしょうか。特に気に留めてもらいたいのは、キンテーロの言ったことです。

「おまえが手にしてるそいつが、銃口の先にいる相手を気にかけると思うか？」
「おまえもそうなれ」キンテーロは言った。「自分が殺される前にな」

　キンテーロは血も涙もない男で、まだ殺しの仕事に慣れていないメイソンに対して、もっと冷酷になれとけしかけています。
　しかし、そんなキンテーロが「殺すのはひとりで、そのほかは全員生かしておくんだぞ」などと言うでしょうか。銃は人が死んでもなんとも思わない、などと開きなおるほど冷酷な男が、ひとりだけ殺してほかは生かしておけ、などと言うでしょうか。むしろその逆で、標的以外のひとりやふたり、巻き添えで殺したって気にするな、と言うのではないでしょうか。
　これが意味の違和感です。そして、それを自覚して、もう一度英文をていねいに読むと、こんどは形の違和感に気づくはずです。

"You need to get over this," Quintero said to him. "Killing one man and leaving everybody else alive."
「どうにかやりとげろ」キンテーロがメイソンに言った。「殺すのはひとりで、そのほかは全員生かしておくんだぞ」

もう一度見てみると、台詞の後半部分の動詞は killing と leaving、どちらも ing がついています。訳文はメイソンに命令する調子になっていますが、そういうときに、進行形であれ、動名詞であれ、分詞であれ、ing の形を使うでしょうか。

　ここで注目してもらいたいのは1行目の this です。that と比べて、this にはこれから述べようとしていることを指す傾向がありますが、これはその実例ではないでしょうか。

　　"You need to get over this," Quintero said to him. "Killing
　　one man and leaving everybody else alive."

　つまり、this は killing 以下のすべてを指していて、killing と leaving は動名詞ではないかということです。だとしたら、あとの killing 以下の意味は、たとえば「ひとりだけ殺して、あとは生かしておくこと（なんて）」という感じになり、そんな甘い考えは get over しろ、乗り越えろ、つまり「こんなふうに考えるな」ということになり、冷酷なキンテーロの人物像にぴったりの台詞となります。生徒訳とは正反対の意味となりました。

　いまは意味の違和感、形の違和感の順で検討しましたが、先に形の違和感を覚えた人もいるでしょう。一発で正しく読めるのが理想ですが、仮に読みまちがえたとしても、そこで違和感を武器に敗者復活できることも、外国語を読むときに必要な能力です。

誤読・誤訳を防ぐために

　誤読・誤訳が完全になくなることは、人間が取り組んでいる以上、まずありえません。ただ、少しでも減らすために何をすべきかをまとめると、以下の4点となります。

- 原則として左から右へ読み、「予想 ➡ 確認」と「予想 ➡ 修正 ➡ 確認」のプロセスに意識を向ける。
- 「形の違和感」「意味の違和感」を察知するアンテナを敏感にする。そのためには、ある程度の文法・語彙の知識も必要である。
- 自分の弱点である文法事項を知り、その部分を強化する。日本語話者が最も弱い文法項目はこの7つ。

　　[1]　否定（特に否定省略文）

　　[2]　冠詞の有無や単数形・複数形の区別

　　[3]　カンマや and や or で何と何が並ぶか

　　[4]　比較（特に、何と何が比べられているのか）

　　[5]　仮定法（特に、なぜその個所で仮定法が使われているのか）

　　[6]　接続詞と関係詞（特に、that と what の使い分け）

　　[7]　数に関する表現（誤読した場合に致命的になりやすい）

- 自分の知識を過信せず、つねに調べ物を怠らない。

といったところです。以上のことに気を配りつつ、難解なところではゆっくり時間をかけて、徐々に読解のスピードをあげることをめざしてください。

　具体的にどの文法書がお勧めかについては、自分にはあまりくわしい知識がありませんが、以下のことは言えます。

- 参照用として、くわしい文法解説書が最低限1冊必要。つねに調べられるよう、手もとに置いておく。『英文法解説』（金子書房）、『表現のための実践ロイヤル英文法』（旺文社）、『アトラス総合英語』（桐原書店）など。
- TOEICや英検などのテスト対策に特化したものでは、体系的に学ぶのはむずかしく、やはり大学受験向けのものから選ぶのがいちばん。問題演習もある程度こなす必要があり、最も効果的なのは整序問題（単語を正しい順序に並べて文を作る問題）をくわしく解説したもの。『英文法基礎10題ドリル』『英語構文詳解』（以上、駿台文庫）など。
- 弱点の洗い出しには、わたしの著書『越前敏弥の日本人なら必ず誤訳する英文【決定版】』（ディスカヴァー・トゥエンティワン）をぜひ使ってください。

chapter

2

まだまだある!
訳しにくい英語表現

前著では「いくつもの意味をもつことば」「文化のちがいによる訳しにくさ」「言語構造のちがいによる訳しにくさ」に分けて、要注意の単語や表現を紹介しましたが、分類がむずかしいものもたくさんありました。

Chapter 2 では、前著で載せきれなかったものや新たに見つけたものなどを、まとめて 40 項目紹介します。

1

you

あなた、あなた、あなた……

　名著『英文解釈教室』の著者である故・伊藤和夫先生は、「あなた、あなたを連発するのは流行歌のなかだけでいい」と授業などでよくおっしゃっていたようですが、これはなんでもかんでも you を機械的に訳出するのはくどすぎる、ということです。ここには、英語と日本語の構造にまつわるふたつの問題がからんでいます。

　第1に、主格や目的格が確然とあって、原則としてどんな文にも主語がある英語では、おのずと人称代名詞が多用されるのに対し、日本語は人称代名詞をほとんど必要としない言語であること。

　第2に、we や you や they には、特定のだれかではなく漠然と人間全体を指す用法（不定用法）があること。

　前者は訳出の際の問題ですが、後者については、そもそも「特定」なのか「漠然」なのかを見分ける必要があります。

　チャールズ・ディケンズの『クリスマス・キャロル』では、「メリー・クリスマス」と楽しげに呼びかけた甥に対し、冷酷な老人スクルージが "What reason have you to be merry? You're poor enough."（楽しい気分になる理由があるというのか。おまえは貧しいのに）

と返し、少しあとで "What's Christmas time to you but a time for paying bills without money;"（クリスマスってのは、払う金もないのに請求書を突きつけられる日以外の何物でもない）と付け加えます（but は except などと同義）。この場合、前の台詞にあるふたつの you は明らかに「おまえ（＝甥）」を指していますが、あとの台詞の you は自分も含めた人間全体を漠然と指していると考えられます。

　Ｊ・Ｄ・サリンジャーの『キャッチャー・イン・ザ・ライ』（村上春樹訳、白水社）は、全編を通して主人公のホールデンが架空の読者（you）に語りかける設定になっています。この you を「きみ」と訳したことについて賛否両論が沸き起こったのですが、訳者は『翻訳教室』（柴田元幸、朝日文庫）のなかでこう述べています。

> アメリカ人は「you」は実体のない「you」だと言っているけど、実体は本当はあるんですよ。あるけれど彼らが気づいてないだけじゃないかと、僕は思うんです。（中略）だから僕らが日本語に訳すときは、ちょうど中間ぐらいの感覚で訳さなければいけないんだけど、中間というのは難しい。だから僕としては、二回「you」を使う部分があれば、一回はなし、一回はありでいこうと決めている。

　この問題の本質を突いた指摘だと思います。we や they についても、ほぼ同じことが言えるはずです。

2

matter
名詞なのか、動詞なのか

　一時期、海外ニュースで Black Lives Matter ということばをよく見聞きしたものです。文末にピリオドがないこともあって、当初はこの matter を名詞だと勘ちがいし、「黒人の生命（or 生活）の問題」という意味に誤解していた人がかなり見受けられました。

　この "Black lives matter." の matter は動詞で、「〜は重要である」という意味です。これを日本語に訳したとき、「黒人の命は〜」「…が〜」「…も〜」「…こそ〜」のどれがベストなのかを決めるのはなかなかむずかしい。どれもほぼ正しい一方、どれも完璧とは言えないのは、それだけ根深い人種問題が背景にあるからです。

　英語表現としてのニュアンスを考えるとき、忘れてはいけないのは、動詞の matter はふつう肯定文では使われないということです。これは "Does it matter?" や "It doesn't matter." など、疑問文や否定文で用いられるのがふつう。つまり、"Black Lives Matter." と言うとき、matter には単に「重要だ」ではなく、「重要じゃないなんて、とんでもない！」という反発・抵抗の響きが確実にあります。それを考えると、「黒人の命をないがしろにするな」ぐらい

が適訳なのかもしれません。

　名詞の matter で特に印象に残っているのは、ダン・ブラウン『天使と悪魔』（KADOKAWA、角川文庫）に出てきた以下の例です。

　　　"Papa!" she giggled, nuzzling close to him. "Ask me what's the matter!"

　　　"But you look happy, sweetie. Why would I ask you what's the matter?"

　　　"Just ask me."

　　　He shrugged. "What's the matter?"

　　　She immediately started laughing. "What's the matter? *Everything* is the matter! Rocks! Trees! Atoms! Even anteaters! Everything is the matter!"

　ヒロインのヴィットリア（she）は、このとき9歳。司祭であり物理学者でもある養父レオナルド（Papa）から、重力（gravity）とは何かを教わり、その少しあとに上の一節があります。

　ヴィットリアはここで、"What's the matter?" のふたつの意味（「いったいどうしたのか」「物質とは何か」）を生かして、レオナルドをからかっています。科学への強い興味によって結びついたこの父娘は、やがてふたりとも科学者として CERN（欧州原子核研究機構）に勤務することになり、そこで antimatter（反物質）の大量生成に成功します。ここはその原点とも言うべき、微笑ましくも重要な場面です。

3

count

自動詞なのか、他動詞なのか

前項の matter のように、自動詞（目的語をとらない動詞）として使われると意味をとりづらい単語が英語には多くあります。2020年のアメリカ大統領選のとき、この2行が並んでいるプラカードがデモで掲げられているのをよく見かけました。

2020年アメリカ大統選の期間中に実施された、
ニューヨーク市五番街でのデモ行進の様子

あとの "Count every vote." は「すべての票を集計せよ」で問題ないでしょうが、"Every vote counts." は少しわかりにくいかもしれません。これは「すべての票が重要である」の意味です。こちらの count は自動詞で、「数えられるべきである」と訳してもよく、

前項の matter と近い意味だとも言えます。

　通常は他動詞であるものが自動詞として使われる例としては、

　　　Honesty pays in the long run.（長い目で見れば、正直は得をする）

　　　This story reads well.（この話はおもしろく読める）

　　　His book sold a million copies.（彼の本は100万部売れた）

などがあります。

　以下の例では、2種類の意味の自動詞が使われています。

　　　I am a good cook myself, and cook better than I cook, if you see
　　　what I mean.

（J.R.R.Tolkien The Hobbit）

　『ホビットの冒険』で、体の小さなホビット族のビルボが、巨体
の怪物トロルに出くわして怯えながら言ったことばです。最初の
cook は「料理をする人」、2番目が「料理をする」ですが、3番目
がむずかしい。これは上記の read や sell などと同じく、動詞が受
け身の意味に転用されたもので、意味は「料理される」です。ふ
つうは食材が主語となりますが、ここではトロルに食べられてし
まわないように、「ぼくは料理されるより料理するほうがいい」と、
苦しまぎれに言っています。ずいぶんぎこちなく変な言い方なの
で、if you see what I mean と付け加えているわけです。

4

partner
時代とともに変わる訳語

　以前から訳しづらかったものの、最近さらにその傾向が強まったことばが、恋人や夫婦などを表す partner です。異性と決めつけることはできないので、結局のところ「パートナー」と訳しておくのが無難であり、あらゆる場合に応用できるとも言えます。もう少し柔らかい言い方としては、男女どちらにも、あるいは同性・異性のどちらでも使えることばとして、「お連れ合い」や「相方」がよく使われるようになってきましたね。「連れ合い」は本来謙譲語だと思いますが、最近は気にする人が少ないようです。「相方」は漫才のコンビなどを連想するため、まだフォーマルな場では使えない気がします。

　spouse の訳語である「配偶者」は男女両方を指しますが、堅苦しいですし、なんとなく異性っぽい響きが残っている気がします。

　前著の p.082 で書いたように、ビジネスの協力者や弁護士事務所などの共同経営者を表す場合は、そのまま「パートナー」でいいでしょう。

　ひとつ、ちょっと変わった partner の使い方を『天使と嘘』の

Acknowledgements〔謝辞〕のなかで見つけました。

My partner in life, if not crime, deserves equal praise. Vivien is the
glue that holds us together and the beacon that brings us home.

　Acknowledgements というのは本の最初または最後についていて、作者がさまざまな関係者に謝意を表する文章です。締めくくりはたいがい家族、特に配偶者へのお礼であり、この個所も作者は妻 Vivien をねぎらっていますが、My partner in life のあとの if not crime というのはなんでしょうか。これはもちろん、実際に何か悪いことをやらかしたわけではなく、いっしょに犯罪に手を染めるほどの親しい仲のことを partner in crime と呼ぶ習慣がもとになっています。日本でも、半ば冗談交じりに「共犯」ということばを使うことがありますね。

　このニュアンスを日本語で表現するのはむずかしいので、わたしはこの個所を、犯罪の話は抜きにして「わが人生の欠くべからざる伴侶は、等しく賞賛を受けるに値する。ヴィヴィアンは家族みんなをまとめる接着剤であり、家路を照らす灯台である」と訳しました。

『天使と嘘』

5

midnight
夜中にはちがいないけど

　前著 p.064 には evening が「夕方」「晩」「夜」のどれなのかという話を書きましたが、midnight もとても扱いにくいことばです。この語が単独で使われている場合、「夜中」「深夜」という訳語は厳密には誤りと言ってよく、「真夜中」「夜半」でも微妙で、正しいのは「12時」「零時」などの訳語です。*Longman Dictionary of Contemporary English*（LDOCE）には、語義として twelve o'clock at night としか載っていません。もし大ざっぱに「夜中」「真夜中」を言い表したければ、in the middle of the night や late at night などの表現を使うべきです。

　もっとも、厳密に時刻を考えなくてもよい場合にはそこまで気にする必要はありませんし、midnight electric power や midnight movie といった熟語は「深夜電力」「深夜映画」でじゅうぶんです。一方、ミステリー小説で犯行時刻が at midnight ということであれば「12時に」「零時に」とするしかないでしょう。

　これと対になる語は midday で、もちろん正午を表します。ここでは、ほかに mid ではじまる要注意語をふたつ紹介しましょう。

midsummer は「夏の真ん中」ですが、いつのことでしょうか。これは、一般に夏の盛りと感じられる7月から8月を指す場合もあれば、天文学上の夏の真ん中（夏至、6月23日ごろ）を指す場合もあります。野球のメジャーリーグで、オールスターゲームは別名 Midsummer Classic と呼ばれ、7月中旬あたりに開催されます。一方、イギリスで Midsummer Day と言えば、夏至の時期にあたる6月24日の「聖ヨハネの祝日」（St. John's Day）のことです。

　midteen ということばもありますが、これは何歳のことでしょうか。こちらは「十代半ば」でかまいませんが、前著 p.128 にも書いたとおり、teenager は -teen で終わる thirteen から nineteen を指しますから、midteen はその真ん中である15歳から17歳ぐらいを表すことが多いようです。

イエス・キリストに洗礼を施す洗礼者ヨハネ

6

office
課外活動のオフィス？

　わたしは翻訳者になる前に、英米の大学院などへの留学カウンセラーの仕事をしていたことがあります。出願の書類を留学希望者本人といっしょにチェックする機会が多かったのですが、最も多くの人が記入ミスをしていたのが office(s) held という項目でした。たとえば、高校や大学での extracurricular activities（課外活動）を書く欄にあるのですが、何割かの人が学校の所在地を記そうとしたのです。

```
                DEADLINE: April 2, 2022 (return to the counseling office)
To be printed or typed by the high school senior student:        DATE:_____
NAME:_____
ADDRESS:_____
CITY/STATE/ZIP_____        Email Address:_____
NAME/ADDRESS OF PARENTS OR GURDIAN:_____

1.    What educational institution are you planning to attend?_____
      _____

2.    List below high school extracurricular activities
Sophomore: Extracurricular activities/ honors and offices held:
┌──────────────────────────────────────────────────────────────┐
│                                                                │
└──────────────────────────────────────────────────────────────┘
Junior: Extracurricular activities/ honors and offices held:
┌──────────────────────────────────────────────────────────────┐
│                                                                │
└──────────────────────────────────────────────────────────────┘
Senior: Extracurricular activities/ honors and offices held:
┌──────────────────────────────────────────────────────────────┐
│                                                                │
└──────────────────────────────────────────────────────────────┘
```

米国の大学の出願書類の一例

office には事務所という意味のほかに、役職や任務という意味があります。hold (an) office で何かの職に就いていることを指すので、office(s) held の欄には、その組織での役割、つまり captain や secretary や member などと記さなくてはなりません。office の形容詞形である official も、「職務上」だから「公式」が適訳となるわけです。

以前、アメリカの連邦政府内での政治的駆け引きに関する文章を読んでいたとき、こんな個所がありました（political については前著 p.036 参照）。

Sometimes a political actor, through astute jockeying, may convert a relatively less influential office into an important command post.
ときには、政界の役者が巧妙な手綱さばきを見せて、あまり影響力のない役職を発言力の強い要職に変えることもある。

上の例で、office は最後の post とほぼ同義ですね。こういう文脈で during his time in office と書いてあったら、「オフィスにいたとき」ではなく「在任中」ということです。

また、office が宗教関係の文脈で使われるときには、「聖務」や「おつとめ」という意味になることがあります。attend the office は「聖務日課をつとめる」で、the office for the dead は死者のためのおつとめですから「葬儀」です。

7

print

印刷したら大恥？

　前ページの出願書類で、office のほかにもうひとつ、記入ミスが多かった個所があります。それは to be printed というところです。

　print は、もちろん「印刷する」という意味になることが多いのですが、「活字体（印刷物のような正確な書体）で手書きする」という意味もあり、出願書類などではほぼまちがいなくそちらです。write でもよい気もしますが、write だと筆記体で書く可能性も含まれるので、このような書類では print と指定されます。

　わたしの最近の訳書から、この意味で使われている print をふたつ紹介します。

The black ink ran off the page, unfinished. But instructions had been printed in the margins.

黒いインクの線は、途中で紙からはみだしている。けれど、余白に指示が記されていた。

（『小説　アナと雪の女王　影のひそむ森』ウォルト・ディズニー・ジャパン、ないとうふみこ共訳、KADOKAWA、角川文庫、訳文を一部変更）

Certainly, there hadn't been any buildup to murder. No warning note printed on cheap stationery.

言うまでもなく、殺害の前ぶれなどなかった。安物の便箋に活字体で書いた殺害予告もなかった。

（『不吉なことは何も』フレドリック・ブラウン、創元推理文庫）

　ふつうは1番目の例のように「記す」「書く」と訳せばじゅうぶんですが、2番目の例では、筆跡を見破られないために特徴のない字で書いているので、「活字体」という情報を訳文に入れる必要がありました。

『小説　アナと雪の女王　影のひそむ森』

8

pick up
最も和製英語らしくない
和製英語

　アフレコ、ガソリンスタンド、ノートパソコンなど、和製英語と呼ばれるものはいろいろありますが、「最も和製英語らしくない和製英語」は「ピックアップ」ではないでしょうか。英語にもその表現が存在し、しかも半分ぐらい意味が重なっているからこそ、よけい性質（たち）が悪いとも言えます。

　pick up を英和辞典で引くと、「拾いあげる、（車などに）乗せる、取りもどす、元気づける、片づける、学びとる、逮捕する、（速さ、勢いを）増す」など、いろいろありますが、日本語で「ピックアップする」と言うときにたいがい意味する「選び出す」はありません。

　たとえば、"She bent to pick up a flower." の意味は「彼女は身をかがめて花を摘みあげた」であり、物理的、肉体的な手の動きだけを表しています。それと同様に、"She picked up three books to read." という文があれば、これは「彼女は読むべき 3 冊の本を（床や机から）（手を使って）拾いあげた」であり、「彼女は読むべき 3 冊の本をピックアップした（選んだ）」という意味にはなりません。もし「選ぶ」と言いたいなら、pick out または単に pick を使うべき

です。

　わたしの最近の訳書『天使と嘘』の原文全文で pick up を検索してみたところ、「拾う、手にとる」の意味になるのが24回、「（車などに）乗せる」が14回、「元気づける」「逮捕する」がそれぞれ3回、「勢いを増す」「ナンパする」がそれぞれ2回、「取りもどす」「（音を）とらえる」がそれぞれ1回でした。一方、pick out は2回だけ出てきて、1回は「本棚から本を抜き出す」の意味、もう1回は以下のような文でした（訳文は一部改変）。何人かのなかからトビーという少年を見つけ出す場面です（この小説は現在形を基調にして書かれています）。

I pick out Toby because he's helmet -less and hatless and cockier than the rest.
ヘルメットも帽子もかぶらず、ほかの連中よりも鼻っ柱が強そうなので、わたしはトビーを選び出す。

　和製英語の「ピックアップ」は簡単にはなくならないでしょうが、英語を読み書きするときにはじゅうぶん注意してください。

ピックアップ　　　　　pick up

9

妄想を打ち砕かれる
ラングドン

『ダ・ヴィンチ・コード』（ダン・ブラウン、KADOKAWA、角川文庫）の冒頭で、ラングドン教授がフランス司法警察の車でパリ市内を案内される場面があります。ラングドンが前作『天使と悪魔』のヒロイン、ヴィットリアのことを思い出していたとき、コレ警部補が突然声をかけます。

"Did you mount her?" the agent asked, looking over.

Langdon glanced up, certain he had misunderstood. "I beg your pardon?"

"She is lovely, no?" The agent motioned through the windshield toward the Eiffel Tower. "Have you mounted her?"

Langdon rolled his eyes. "No, I haven't climbed the tower."

「彼女と寝たか」というきわどい質問が来たので、ラングドンは自分の妄想を見抜かれたと勘ちがいするものの、警部補はエッフェル塔を her と呼んでいた、という場面です。「彼女にのぼる」と訳

すわけにもいかないので、ここはこんなふうに訳しました。

　　「あっちのほうは体験済みですか」コレがこちらを見て尋ねた。
　　ラングドンは顔をあげた。何か聞き誤ったにちがいない。「はい？」
　　「すばらしいでしょう？」コレはフロントガラス越しにエッフェル
　塔を指し示した。「もう体験しました？」
　　ラングドンは目玉をくるりと動かした。「いえ、まだのぼっていません」

　最近、「相手より優位に立つ」という意味で「マウンティング」
や「マウントをとる」ということばが日本でよく使われますが、わ
たしはそれを聞くとどうしても上の例を思い出してしまいます。
　mount からの連想で、コロナ禍の感染状況の話でよく耳にした
「ピークアウト」についてひとこと。これを「ピークに完全に達す
る」「ピークから抜け出す」のどちらの意味で使っているかをツイ
ッターのアンケートで尋ねたところ、前者が約3割、後者が7割
でした。
　英語では動詞 peak に副詞 out がついても、「ピークに達した」
を強めているだけなので、意味は「ピークに完全に達した」です。
一方、日本語で名詞「ピーク」に「アウト」（出る）がつくと、「ピ
ークから抜け出す」に感じられるというのもよくわかります。
　言ってみれば、これは和製英語が生まれる典型的なプロセスで
す。意味のまぎらわしい「ピークアウト」を使うより、「頭打ち」
「下り坂」「峠を越えた」などと言えばいいのに、とよく思います。

10

deceptively

だますのか、だまさないのか

　前著では、結局何が言いたいのかわかりにくい副詞の例として arguably（p.056）をあげましたが、それに負けないほどまぎらわしいのが deceptively です。

　動詞 deceive（だます、欺く）から派生した形容詞 deceptive の意味は、辞書には「人をだますような、あてにならない」などとあり、『ランダムハウス英和大辞典』（小学館）には "It looks like a curved line, but it's deceptive."（曲線のように見えるが錯覚だ）という例が載っています。

　これに ly がついた副詞 deceptively は、その延長で

> The problem looks deceptively difficult.
> この問題は一見むずかしそうだ（が、実はやさしい）。

という意味です。ところが、たとえばイギリスの不動産広告でよく見られる表現として

deceptively spacious house

というものがあります。前の例と同様と考えれば「一見広そうな（しかし、実はせまい）家」となるはずですが、不動産広告でそんなことを言うはずがなく、これは正反対の「一見せまそうな（しかし、実は広い）家」という意味なのです。英和辞典でこの矛盾に言及しているものは少ないのですが、『ジーニアス英和大辞典』（大修館書店）には「見た目には」「見た目を欺くほど」という正反対のふたつの語義が載っています。

　これはネイティブスピーカーのあいだでも困った問題と考えられているようで、*American Heritage Dictionary of the English Language* にはこんなふうにあります。

> When *deceptively* is used to modify an adjective, the meaning can be unclear. Does the sentence *The pool is deceptively shallow* mean that the pool is shallower or deeper than it appears? Is it apparently shallow, but not really, or is it actually shallow but only looks deep?（中略）The meaning of *deceptively* is thus very dependent upon the context, and writers should be careful to ensure that the word cannot be misinterpreted or avoid it entirely.

　辞書に「誤解されないように注意して使うか、まったく使わないほうがいい」と書かれてしまうというのは、困った話です。

11

potato
熱いか冷たいかが大問題

potato はもちろんジャガイモである場合がほとんどですが、地域や文脈によってはサツマイモやほかのイモを指す場合もあります。区別する必要があるとき、ジャガイモは white potato または Irish potato、サツマイモは sweet potato または Spanish potato と呼ばれます。

日本のハンバーガー店で「フライドポテト」と呼ばれるものは、アメリカでは French fries またはただの fries、イギリスでは chips と呼ばれるのがふつうです（チェーン店ではかならずしもそうではないようですが）。イギリスの代表的な大衆料理の fish and chips もそうですね。もし日本語どおりに fried potato と言ったとしたら、ひとつのジャガイモをまるごと揚げたものがイメージされるでしょう。

では、ポテトチップスはどうかと言うと、アメリカでは chips、イギリスでは crisps と呼ぶのがふつうです。

おもしろいのはオーストラリアやニュージーランドで、フライドポテトもポテトチップスも、どちらも chips と呼ぶようです。どちらなのか区別しなくてはいけないときは hot chips と cold chips

と呼び分けます。

　potato を使った熟語で人間を表すときは、日本語と同じで、あまりよい意味にはなりません。数十年前に流行した couch potato（ソファーにすわったまま、ずっとテレビやビデオを観ている人）は、いまでも通用することばで、その応用形とも言うべき mouse potato（部屋にこもって PC でインターネットばかりしている人）という語も生まれました。smartphone potato という語はまだ一般的ではないようで、こちらは smartphone zombie（歩きスマホをする人）のほうがいまのところ優勢です。

couch potato

mouse potato

12
singular
「唯一」とはかぎらない

　文法用語の「単数・複数」は、英語では singular と plural です。この singular は、もちろん single の姉妹語ですが、微妙に異なるニュアンスを帯びることが多い単語です。「唯一」であることは、ときによい意味に、ときに悪い意味になるわけですから、それを反映して幅が広くなるとも言えるでしょう。

The voice was soft and gentle. Singularly low, as if instead of being so close beside him, it were at a distance.
穏やかでやさしい声だった。すぐそばにいるはずなのに、ずっと遠くから聞こえるような、不思議なほど小さな声だ。

（『クリスマス・キャロル』）

　これは主人公のもとに過去の精霊が現れる場面です。聞いたこともないほど珍しいということで、同義語は unusual あたりでしょう。

The Singular Request of Miss Patricia Wright

パトリシア・ライト嬢の奇妙な要請

（『災厄の町』エラリイ・クイーン、早川書房、ハヤカワ・ミステリ文庫）

これは章のタイトルで、たしかにパトリシアは奇妙としか言いようのない要求を弁護士にぶつけます。同義語は strange。

Things Fall Apart's singular achievement was that it told us about ourselves through our own eyes.

『崩れゆく絆』の無類の成功は、われわれ自身のことをわれわれの目を通して伝えたことによる。

（『世界文学大図鑑』ジェイムズ・キャントンほか、三省堂）

ナイジェリアの作家チヌア・アチェベの代表作をアフリカ系の書評家が誇りを持って紹介している文なので、この singular は絶賛の気持ちの表れで、同義語は extraordinary や outstanding でしょう。

最近の Apple 社の広告で、"This is iPhone 12 Pro—singular new design." というのがありましたが、もちろんこれも同じニュアンスです。

自分の感覚では、strange の意味になることのほうが多い気がしますが、singular が文脈に応じて色合いが変わることばなのはまちがいありません。

『災厄の町〔新訳版〕』

13

grin
ほんとうに "にやり" としてる？

翻訳学校のクラス生には、grin を見たらなんでもかんでも「にやりと笑う」と訳す人がかなりいます。たしかに喪黒福造ならそれでいいでしょうが（わからない人、ごめんなさい）、だれもがいつもそんな笑い方ばかりしているとは思えません。grin という語は、どんな小説でも5回や10回、あたりまえのように出てくる単語なのですから。

LDOCE には、grin の語義としては to smile widely とだけあります。また、*Oxford English Dictionary*（OED）には、grin の表す感情として unrestrained or vulgar merriment, clownish embarrassment, stupid wonder or exultation, or the like（とめどない歓喜、低劣な喜び、滑稽なとまどい、ばかげた驚き、異様な興奮など）とあり、grin というのはあらゆる感情をこめて「微笑」より大きな笑みを浮かべる動作全般を表すことばだとわかります。訳語としては「笑みを漂わせる」「にこやかに笑う」「相好を崩す」「顔を輝かせる」などなど、文脈に応じていくらでも考えられます。

grin の訳語が「にやり」に固定してしまったのは、なんと言っ

ても『不思議の国のアリス』のチェシャ猫のイメージのせいでしょう。grin like a Cheshire cat という成句を知っている人も多いはずです。あまりにも有名なキャラクターなので、それがもとで決まり文句になったと思われがちですが、実はこの言いまわしは『不思議の国のアリス』が書かれる前から存在していて、作者のルイス・キャロルが決まり文句に合わせて物語に猫を登場させたのです。

この作品には、ほかにも三月ウサギ（March Hare）や帽子屋（the Hatter）といった不思議なキャラクターが登場しますが、これらも as mad as a March hare と as mad as a hatter という決まり文句がもともとあって、それをヒントに作者が創作したものでした。March hare は春の交尾期だから mad なのですが、Hatter のほうは諸説あってはっきりしません。Cheshire cat についても、なぜ grin する（と考えられていた）のかは定かでなく、いまでは『不思議の国のアリス』のキャラクターこそが本家のように思われています。

話が grin そのものから離れてしまいましたが、このように広い意味を持つのにひとつの訳語でイメージがせばまってしまった英単語はいくつもあり、つぎの項目でそのいくつかを紹介します。

grinの例

14

sigh, frown

ため息ばかりじゃ、つらすぎる

　sigh は機械的に「ため息（をつく）」と訳されることが非常に多いことばですが、OED を見ると、語義の一部に

> esp. indicating or expressing dejection, weariness, longing, pain, or relief

とあります。日本語にすると、「特に（esp. は especially の略）、落胆・疲労（退屈）・期待・悲痛・安堵を暗示もしくは明示する」という感じですね。日本語の「ため息」は明らかにマイナスの感情をともなうものですから、この語義のせいぜい半分程度しか満たしていないことになります。自分の経験だと、sigh がひとつの長編小説で20回や30回出てくることは珍しくないので、この語は「深く息をつく」「ほっとする」「吐息を漏らす」など、場面に合わせて10種類くらいに訳し分けることが多いです。

　同じことが言えるのは frown で、代表的な訳語は「眉をひそめる」ですが、これが表す感情も、疑念・怒り・困惑・失望など、さ

まざまなものが考えられます。また、動くのは眉だけではないので、程度に応じて「眉根を寄せる」「顔をしかめる」「額に深い皺_{しわ}を刻む」のような言い方や、感情を加えた「怪訝な顔をする」「とまどいを見せる」などもありえます。前著 p.096 で説明した narrow one's eye は、見方によっては frown とほぼ同じしぐさだとも言えるでしょう。

　ほかにも stride（大股で歩く）、sip（すする）、gasp（息を呑む）、groan（うめく）、growl（うなる）など、しぐさを表すことばには、画一的な訳語をあててもその場に合わないものが多いですね。だれもが大股で歩いている作品や、だれもがコーヒーを下品にすすっている作品を読んでいると、うんざりします。それぞれの語の中核にあるイメージをつかんだうえで、訳出にあたっては文脈に合った表現をその都度考えるしかありません。

frown の例

15

bile

怒りっぽい理由は?

　英語の小説、特にサスペンスや冒険小説などを読んでいると、だれかの口や喉に bile がこみあげてくる描写によく出くわします。激しい苦痛を感じたり、極度の緊張を覚えたり、絶体絶命の場面で起こりがちな現象です。

　この bile は、どの辞書にも「胆汁」とあり、英英辞典の語義もそこからはずれるものではありません。ただ、わたしは長年翻訳の仕事をつづけてきた経験から、最近はこれを「胆汁」と訳さないことが多くなっています。なぜかと言うと、あまりにも多くの作品でお目にかかることから考えて、これは医学的・生物学的な意味での「胆汁」というより、口や喉にこみあげてくる苦いものやすっぱいものの総称（胃液なども含む）として使われていると判断できるからです。

His chest heaves and he spits bile onto the broken concrete beneath his shoes.

胸を上下させながら、足もとの壊れたコンクリートへ苦いものを

吐き出す。

（『生か、死か』マイケル・ロボサム、早川書房、ハヤカワ・ミステリ文庫）

the smell of the leather seats, the taste of <u>bile</u> in my mouth, the feel of sweat slithering down my face

革のシートのにおい、<u>胃からこみあげるものの苦い味</u>、顔を流れ落ちる汗の感覚

（『大統領失踪』ビル・クリントン&ジェイムズ・パタースン、
早川書房、ハヤカワ文庫 NV）

　短い4文字の語で、専門用語らしさが希薄なので、広い意味で気軽に使われているのではないでしょうか。

　bile はそれとは別に（といっても、根底では結びつきがあるはずですが）「怒りっぽさ、陰気さ」を表す場合があります。中世の医学では、人間の体は4種類の体液——血液（blood）、粘液（phlegm）、黄胆汁（yellow bile）、黒胆汁（black bile）——から成り立っていて、その配合の比率によって個人の気質が決まると考えられていました。yellow bile はかんしゃくの原因、black bile は憂鬱の原因なので、いまでもその名残があり、stir one's bile（怒らせる）のような形でも用いられます。

　　　　　『生か、死か』　　『大統領失踪　上』

16

hip

尻？　腰？　腰まわり？

　前著 p.028 では head が日本語の「頭」には相当しないことが多いと書きましたが、同じくらい厄介なのが hip です。簡単に言えば、「尻」より「腰」のほうが近いのですが、もう少し説明が必要でしょう。OED にある語義はこうです。

A prominence between the waist and the thigh on each side of the human body, formed by the lateral projection of the pelvis

　日本語で言えば、「人体の両側にある、ウエスト（胴のへこみ）と太腿のあいだの突き出た部分で、骨盤の横方向への突起によって形作られる」という感じでしょう。「腰」でぴったりとは言いきれませんが、「尻」より近いのはまちがいありません（日本語の「尻」に最も近いのは buttocks または bottom です。単数形・複数形に注意してください）。

　さて、OED には上の定義のあとに hip joint と hip bone という言いまわしが並ぶのですが、このふたつの意味がわかるでしょう

か。

　まず、hip joint は股関節のことです。hip が腰だとすると、なぜ股関節なのか、どうもぴんときませんね。

　hip bone のほうは、尾骶骨を想像した人が多いでしょうが、これは日本語だと寛骨と呼ばれているようです。調べてみると、寛骨というのは、図の腸骨（ilium）、座骨（ischium）、恥骨（pubis）の3つを合わせた部分であるとのことです。つまり、左右どちらかの腰と臀部を合わせ、さらに前側の下腹部までも含んだ場所が hip だと考えられます。となると、左右の hip をつなぐ hip joint が股関節だというのも納得できますね。

　hip の訳語が腰になったり尻になったり、あるいは腰まわりになったりするのには、このような事情があるわけです。

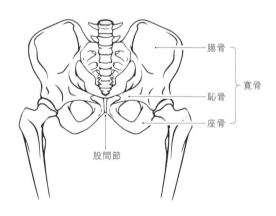

腸骨

寛骨

恥骨

座骨

股間節

17
loin
燃える腰の謎

hip につづいて、腰まわりの話をもう少し。類語の loin について考えます。

sirloin と言えば、牛の腰上部の肉ですね。この綴りについては、もともとフランス語で surlonge や surloigne と綴られていたところ、イギリス国王（ヘンリー8世説、チャールズ1世説などあり）があまりのおいしさゆえに sir loin と敬称つきで呼んだのがはじまりだという説がありますが、真偽は定かではありません。

loin もやはり腰まわりを表すことばで、ウラジーミル・ナボコフ『ロリータ』冒頭のこの一節が有名です。

Lolita, light of my life, fire of my loins. My sin, my soul.
ロリータ、わが人生の光、わが腰部の炎。わが罪、わが魂。

これは『世界文学大図鑑』に載せたわたしの訳で、ほかの訳書では「腰」と訳されています。ここをどう訳出したらいいものか、自分自身でもかなり悩みました。

LDOCE では、loin をこう説明しています。

the parts of your body below your waist and above your legs, which includes your sexual organs

　この説明のカンマより前の部分は前項の hip とほぼ同じですから、つまり loin は hip に sexual organ（性器）を加えたもの、ということですね。となると、なんというか、品のない訳語も考えられなくはないのですが、この作品で描かれているのは単なる性欲ではなく、人間の根源からの情動や欲求なので、その手の訳語では意味が大きくずれてしまうのです。正直なところ、「腰部」も「腰」もぴったりの訳語とは思いませんが、やむをえない選択でした。

　腰まわりに近い部分について、おもしろい言い方がふたつあるので、ついでに紹介しましょう。

　まず、love handles。愛の取っ手とは何かと思うでしょうが、おなかのまわりの贅肉のことです。文字どおり、愛の行為をするときに相手のこの部分を手でつかむから、そう言われるそうです。

　この love handles は、おもに男性について使われますが、おもに女性の同じ部分を指して使われるのが muffin top。これは文字どおりで、おそらく想像がつくでしょうが、画像検索してみてもいいでしょう。

　もちろん、使ってよい場面はかぎられますが、知っているに越したことはありません。

18

pencil
シャーピ鉛筆って何？

　pencil と penicillin（ペニシリン）は綴りが似ていますが、これは偶然ではありません。pencil の語源はラテン語の penicillus（筆）で、数百年前まで pencil は「絵筆」という意味で使われていました。一方、ペニシリンのもとになっているのは penicillium（青カビ）で、これを顕微鏡で見ると絵筆に似た形をしています。ちなみに、これらと綴りの似ている penis（あえて訳しません）も同じ語源からできたことばです。

　一方、pen はいかにも pencil の姉妹語に見えますが、こちらは「羽根」の意味のラテン語 penna に由来するもので（かつて「羽根ペン」が使われていたのはご存じですね）、語源がちがうようです。

　フランス語で鉛筆を表すことばは crayon。これはクレヨンも含めた筆記具全般を表します。英語には pencil という単語があるので、crayon は日本語のクレヨンとほぼ同義と考えていいでしょう。

　鉛筆と言えば、カズオ・イシグロのノーベル文学賞受賞後第1作『クララとお日さま』（土屋政雄訳、早川書房）に「シャーピ鉛筆」という不思議な訳語があることが、発売直後から翻訳者のあいだ

などで話題になりました。

　原文は sharp pencil。しかし、日本語の「シャープペンシル」は和製英語であり、これを英語では mechanical pencil や propelling pencil と言うため、sharp pencil はそれとは別物であるはずです。では、「とがった鉛筆」でよいかというと、それもまたちょっとちがう、という複雑な事情がありました。

　『クララとお日さま』は人工ロボット（AI）のクララを主人公とする作品であり、クララは作られたばかりなので、はじめて見かけた未知のものに対して独自の名前をつけていきます。sharp pencil は、そのいわば「クララ語」のひとつで、ちょっと不自然な響きがあることばです。訳者の土屋さんはそのことを考慮して、Sharpie という商品名の油性ペンがあることをヒントに、あえて違和感のある「シャーピ鉛筆」という訳語を考え出したそうです。

　この作品では、「クララ語」の訳出にはじゅうぶん注意してもらいたいという旨のメッセージが、作者自身から各国の翻訳者へ送られていたと聞いています。ほかにも、携帯電話やタブレットを表す oblong（細長い四角形）を「オブロン端末」と訳すなど、訳者の大変な苦労が偲ばれる作品です。

19

shame
「恥」にもいろいろある

　日本語話者が使い方をまちがえやすい単語のひとつとして、
shame あるいは ashame(d) があります。

　訳語としては、「恥」「恥ずかしい」などですが、これが正確に
はどういう意味なのか、さらに言えばどういう価値観に基づいた
ものなのかはよく考える必要があります。

　たとえば、日本語話者の書きがちな、あるいは言いがちな英文
にこういうものがあります。

I felt ashamed when I was unexpectedly asked to make a speech.

　突然スピーチをしろと頼まれて恥ずかしかった、と言いたいわ
けですが、これは変です。ashamed や shame というのは、罪悪感
と言うとやや大げさですが、明らかに自分に非があって、恥じ入
っているときに使うことばです。この文では、突然スピーチを頼
んできたのは別の人ですから、自分が罪悪感を覚える必要はない
はずで、こういう場合は、とまどっているという意味のことば、た

とえば embarrassed などを使えばじゅうぶんです。

　ところが、同じ shame でも

　　It's a shame you're sick.
　　What a shame I missed the concert.

のように、it's a shame ... あるいは what a shame ... の形で使われた場合は罪悪感とは無関係で、このときは「残念だ」「悲しい」ぐらいの意味でしかありません。

　さらにまぎらわしいのは put（または bring）... to shame という成句で、これは文字どおり「～に恥をかかせる」という意味にもなりますが、

　　Your skills put me to shame.（あなたの技術はわたしを圧倒する）

のように、主語の人や物のほうが相手を恥ずかしくさせるほどすぐれているような場合にも使います。古語の「はづかし」にも「こちらが気後れするほど立派だ」という意味があり、それと似ていますね。

20

inspire

訳語が大げさになりかねない

　関東以外ではあまりなじみがないかもしれませんが、「二郎」という有名ラーメン店があり、その独特のラーメンに影響を受けて出店した多くの店が「二郎インスパイア系」と呼ばれることがあります。そんなふうに inspire がカタカナになるのは、印象に残りやすいからというのもありますが、この語を日本語にしづらいという事情もあるでしょう。

　inspire には「奮い立てる」「引き起こす」「刺激する」「促す」「霊感を与える」などの訳語がありますが、どれもそのまま訳文に使うと大げさに感じられることがほとんどです。LODCE には to make someone have a particular feeling or react in a particular way とあり、これは使役の have や get ... to をやや強めた程度の語感ではないかと思います。

　The idea inspires me and makes me laugh.
　そのことを思うと、元気が出て愉快な気分になる。

（『名著から学ぶ創作入門』）

のように、独立した訳語をあててうまくいくのは、たいがいこの動詞が単独で用いられている場合であり、ふつうは That was what inspired him to come home.（彼が帰宅する気になったのはまさにそれのせいだ）のように、文全体の骨格に組みこむほうがうまくいきます。

　名詞の inspiration は、辞書にある「霊感」や「刺激」ではやはり強すぎることがしばしばあり、

> the story arts have become humanity's prime source of inspiration,
> ストーリーは（人々が）生きるヒントを得るための重要な源となった。
>
> 　　　　　　　　　（『ストーリー』ロバート・マッキー、フィルムアート社）

のように「ヒント」という訳語が最適であることも多いです。

21

green
色のイメージはいろいろ

『天使と嘘』のなかに、児童保護施設にいる少女の素行が悪いと red card を与えられるというくだりがあり、その数行後に "Nobody ever gets a green card." という文がありました。もちろん「よいことをして賞賛されるカード」という意味です。わたしは red card についてはそのまま「レッドカード」と訳しましたが、green card のほうは「その逆の意味のグリーンカード」とことばを補いました。

そうした理由はふたつあります。ひとつは、「グリーンカード」にはアメリカの永住権の証明書という意味があり、そのことを知っている人はかなり多いので、そういう人たちが混乱する可能性があるからです。もうひとつは、ここで日本人のほとんどが赤（＝危険）の反対（＝安全）として頭に浮かべる色は緑ではなく青なので、信号の green light と「青信号」のイメージの差をちょっと埋めたかったからです。

このほか、green は若さや未熟さを表すことが多いのに対し、日本語ではそれらを青で表します（「青年」「青二才」）。顔が青ざめる

ときも green。前著ではカーキ色（p.014）や虹の構成色（p.086）の例をあげましたが、色の持つイメージが英語と日本語で微妙にずれていることは少なくありません。

　日光の色は orange でも red でもなく、ふつうは yellow です。

　pink には日本語に見られる性的なイメージはほとんどなく、むしろ blue にその意味合いがあります（a blue magazine はポルノ雑誌）。

　purple は「華麗な、凝った」というニュアンスを帯びるときがあり、purple passage（または prose）は過度に飾り立てた美文を指します。

　「真っ赤な嘘」は、英語では a black lie。反対の a white lie は、罪のない些細な嘘を指します。わたしの最近訳した短編小説で「真っ白な嘘」（『真っ白な嘘』所収）というのがありましたが、これの原題は "A little white lye" であり、white lie（些細な嘘）と white lye（白い苛性ソーダ）のダブルミーニングを巧みに生かした秀作でした。

『真っ白な嘘』

22

roll one's eyes

目がまわる？　目をまわす？

　しぐさを表す英語の表現には、日本人が理解しづらいものが多くあります。前著 p.096 の narrow one's eyes が好例ですが、ほかにもあります。

　その典型が roll one'seyes で、海外の映画やドラマでよく見かける動作なので、思いあたる人も多いかもしれません。日本語では「目をくるりとまわす」「目をぎょろぎょろさせる」などになるでしょう。正確に言えば、目をあけたまま、黒目の部分を端から端まで上まわりに半回転させる（または、ただ黒目を上に向ける）動きです。これは、驚いたとき、あきれたとき、怒っているとき、怯えているときなどに非常によく見られるしぐさですが、日本ではほとんど見ませんね。慣れていない人にとっては、なかなかむずかしい動作です（わたしはできません）。

　訳出するときには、動きそのものを訳すだけではわかりにくいので、「うんざりと目を上へ向ける」「いいかげんにしてくれ、と言いたげに目をまわしてみせる」のように、感情や心のなかのことばを補う手もあります。「白目をむく」というのは、動作として

は同じですが、あきれているときにはちょっと合わない訳語かもしれません。「目をまるくする」は、動きとしてかなり異なります。

roll one's eyesの一例

　しぐさの表現でわかりにくいものを、あとふたつ紹介しましょう。

　show one's teeth は、「歯を見せる」と訳すとにこやかに笑っているような感じがしますが、これはむしろ怒っているときの動作で、「歯をむき出す」「威嚇する」などがぴったりです。

　pull one's leg は、日本語の「足を引っ張る」（邪魔をする）と同じと思われがちですが、これは「からかう」「だます」という意味です。

　こういった動作に関する表現は、『しぐさの英語表現辞典』（小林祐子編著、研究社）に多く載っています。30年ほど前に編纂されたものなので、いまの感覚と異なるところも少しだけありますが、図がふんだんに載っていて、英文の用例も豊富で、とてもわかりやすい辞書です。

23

pants
形状に注意

　「パンツ」がズボンを指すのか下着を指すのかは、アクセントによってちがったり、世代によって微妙に感覚が異なったりするので、なかなか使いづらいことばですね。

　英語の pants はどうかというと、アメリカではさまざまな種類のズボンの総称であり、下着の意味ではほとんど使われません。イギリスではズボンを trousers と呼ぶことが多いため、pants は下着の意味で使われる傾向が強いです。

　pantaloons は、全体にふくらんだ形で丈の短いズボンを指すことが多く、日本語の「パンタロン」（ベルボトムなどとも呼ばれる、膝から下がひろがった丈長のズボン）とはずいぶんイメージがちがいます。

pantaloons

パンタロン

slacks は上下そろいではないふだん着のズボンですが、極端に
カジュアルなものでもありません。形容詞の slack は「ゆるい」と
いう意味で、それを反映していると言えるでしょう。

　shorts や trunks は、下着のことだったり半ズボンのことだった
り、英米で微妙に異なるようですが、自分の感覚では、この国で
はかならずこの意味だと断定するのはむずかしく、前後の文脈で
判断する場合がほとんどです。

　pants については、これを用いたおもしろい成句がたくさんある
ので、いくつか紹介しましょう。

　　have lead in one's pants　動きが鈍い

　　have ants in one's pants　そわそわと落ち着かない

　　keep one's pants on　落ち着いている

　　pants on fire　尻に火がついて

　　wear the pants [trousers] in the family　家庭内の主導権を握る

　また、少々品のない言い方ですが、「動詞＋ the pants off ＋人」
の形で「徹底的に〜する」という意味になることがあります。beat
the pants off なら「手加減せずに段る」、bore the pants off なら「ひ
どく退屈させる」という具合ですね。ある小説で、impress the pants
(literally) off のあとに女性の名前が来るのを見たことがありますが、
これはいわばダブルミーニングで、男が懸命に相手を喜ばせ、勢
いでベッドに誘ったという意味で使われていました。

24

landing
踊れるとはかぎらない

landing を辞書で引くと、階段の「踊り場」という訳語があります
が、踊り場というのは階と階のあいだの中間（中2階など）にあ
る平らな部分です。一方、landing というのは land（着地）する場
所のことですから、踊り場だけでなく、各階へのぼりきった（あ
るいは、おりきった）場所を指すときもあります。後者の場合、「廊
下」「床」などと訳すか、ときには「階段をのぼると」など、動詞
に組みこんだほうが自然なこともあります。踊り場なのか廊下や
床なのかは、前後関係で決めるしかありません。

The next morning, she saw your footprints, up the stairs, across
the landing, into the wardrobe.

翌朝きみの足跡を見つけた。階段をのぼって、廊下を進み、ウォ
ークイン・クロゼットへはいっていく足跡をね。

（『天使と嘘』）

As Ávila reached the first landing, his gaze was drawn to a woman on a nearby suspended catwalk.

最初の<u>踊り場</u>に達したところで、アビラの目は、近くに設けられた手すりつきのせまい通路にいる女に引きつけられた。

（『オリジン』ダン・ブラウン、KADOKAWA、角川文庫）

They found detective Howie, sitting on the first-floor <u>landing</u> with his back set against the wall ...

<u>二階へあがると、すぐそこに</u>ハウイーがいた。壁を背にしてすわりこみ……

（『フォックス家の殺人』）

　1番目の例では、階段をのぼってから部屋のクロゼットへはいるあいだですから、明らかに踊り場ではなく廊下です。

　2番目は、この部分の前から読むと、広々とした空間のなかにある階段の途中で気づいたとわかるので、踊り場です。

　3番目はアメリカの作品ですが、ここは前後関係から first-floor はイギリス英語のように2階を表しています。first-floor landing と言っているのですから、もちろん踊り場ではありません。ちょうど階段をあがってきたところなので、下線部のように訳しました。

25
flight
訳出不能語の代表格

　landing につづいて、この flight も階段に関係していて、非常に訳しづらい単語です。辞書を見ると「階と階、または階と踊り場のあいだのひとつづきの階段」などとあります。これを「1段」と勘ちがいしている人がかなりいるようです。

　問題はどう訳すかで、He ran up the last flight of stairs. であれば、「彼は最後のひとつづきの階段を駆けあがった」ではあまりにぎこちないので、誤解を招かないなら「彼は階段を一気にのぼりきった」などとしてしまうこともあります。

　また、前項の landing との関係で、2種類の flight があることに注意してください（図参照）。

we ascended three cramped flights of stairs to a long low chamber on the third floor
女と私は狭い階段を四階まで上ってゆき、細長く天井の低い一室に入った

（『夜の真義を』マイケル・コックス、文春文庫）

Up two flights of the carpeted stairway he continued; and at its top paused.

そのままカーペット敷きの階段をのぼり、折り返してあがりきったところでひと息つく。

（「緑のドア」オー・ヘンリー『オー・ヘンリー傑作集1賢者の贈り物』所収、KADOKAWA、角川文庫）

1番目はイギリスの作品なので the third floor は4階。4階までで flight が3つあるので、踊り場がないタイプの階段です。

2番目の at its top は2階のことであり、flight がふたつあるなら踊り場があるタイプの階段なので、「折り返して」と訳しました。

どちらの例でも、flight 自体は訳さずに、全体の流れに組みこんで処理しました。

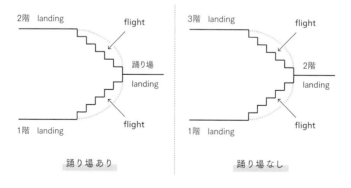

flightとlanding

26

shovel

東西対決

　日本語の話になりますが、シャベルとスコップはどうちがうで
しょうか。おもしろいことに、東日本の人は「シャベルは小さく、
スコップは大きい」、西日本の人は「シャベルは大きく、スコップ
は小さい」と思っている傾向があるようです。みなさんはどうで
しょうか。

　わたし自身は、子供のころは東日本の感覚でしたが、英語をあ
る程度学んでからは、いつの間にか上のどちらでもない区別の仕
方が頭に定着しました。シャベルは英語の shovel、スコップはオ
ランダ語の schop に相当します。shovel は動詞 shove（突く）と、
schop は英語の scoop（すくいとる）とそれぞれよく似ています。そ
の語感から考えて、「先端がとがっているのがシャベル、とがって
いないのがスコップ」ではないかと思うようになったのです。

　その後、JIS 規格ではシャベルとスコップが明確に区別されてい
て、それがわたしの無意識の区分けとほぼ同じ定義だと知りまし
た。アメリカやイギリスの Google で画像検索すると、shovel はと
がったものが多く出てきて、schop は先が平たいものが多く出て

きます。とはいえ、一般にはあまりなじみがない区別なので、訳すときはちょっと注意が必要です。

He picked up a shovel he had apparently left there. It was brand new, with a yellow fiberglass handle and a shiny blade that had yet to touch dirt.

（『解錠師』スティーヴ・ハミルトン、早川書房、ハヤカワ・ミステリ文庫）

　主人公（語り手）はこの場面のあと、ある男（He）の命令で庭の土をひとりで掘らされ、プールを造ることになります。そのためのshovelですから、当然大きなものですが、最初の段落に書いたとおり、日本人の約半数は、シャベルとは長さがせいぜい30cm程度の小さいものだと思っています。そこでわたしはここを

（彼は）そこに置いてあったらしい大きなシャベルを拾いあげた。新品で、黄色いグラスファイバーの柄と、まだ土にふれていない輝く刃がついている。

のように、「大きな」を補って訳しました。そうしないと、このあとで主人公がどれほどひどい目に遭うかを、多くの人が想像できないからです。

『解錠師』

27

元気づけたり、怒ったり

　come on はさまざまな場面で使われる表現ですが、命令形のときには、大きく分けて3種類の意味を持ちます。『小説　アナと雪の女王2』での用例をもとに考えてみましょう。

（1）文字どおり、「来る」「近づく」の意味のとき

　　"Come on, come here."

　　「さあ、くっついて。もっとつめて」

　　（アナとエルサが同じベッドに寝ていて、不安そうなエルサにアナが声をかけている）

（2）相手を元気づけたり、発言を促したりする

　　"Oh, come on—you definitely look disturbed,"

　　「ねえ、どうしたの？　ほんとにそわそわしてるよ」

　　（急に落ち着きを失ったエルサに、アナが話しかけている）

（3）うんざり、残念、疑い、怒りなどの感情を表す

"Oh, come on!" Anna threw her arms out in frustration, making Kristoff jump back in surprise.

「え、冗談でしょう？」（アナが）怒ったように両手をひろげたので、クリストフはおどろいて飛びのいた。

"Oh, come on!" Anna shouted angrily.

「ああ、もう！」アナは怒りをこめてさけんだ。

どれにせよ、（精神的に）自分のほうへ近づいてもらいたい、という含みが中核にあると言えるでしょう。逆に言えば、これは精神的な距離がある程度近い関係でのみ使える表現なので、あまり親しくない人に対して使うのはちょっと失礼だということになります。

①来る、近づく

②相手を元気づける

③うんざり

28

loose

ゆるいからこそ……

　「ルーズリーフ」や「ルーズな性格」など、loose はかつて日本では濁って発音されることが多かったのですが、最近は減ってきた気がします。この「ルース」の意味はもちろん「ゆるい」ですが、意味がとりづらいことや訳しづらいことがしばしばあります。

> He shambled off with his <u>loose</u> gait to the kitchen.
> Then hell broke <u>loose</u>.

　どちらも『災厄の町』の一節で、上はそのまま「ゆるやかな足どりで台所へ向かった」で問題ありませんが、下の意味がわかるでしょうか。実は (all) hell break loose という決まり文句があって、「大騒ぎになる」という意味なので、この個所は「そこで大混乱が沸き起こった」と訳しました。この場合の loose は「解放された」「自由な」というニュアンスですね。

　最近読んだ『窓際のスパイ』（ミック・ヘロン、田村義進訳、早川書房、ハヤカワ文庫 NV）では、he's on the loose が「どこかに雲隠れし

た」と訳されていました。この loose は名詞ですが、核となる意味は上のものと同じく「解放された」で、文脈によってそうなるわけです。

　同じ『窓際のスパイ』に、こんな文もありました。

　That's another loose end clipped off, isn't it?

　loose end は、紐の結ばれていない端のことで、転じて「未解決の事柄」という意味になりますが、ここでは人間を指していて、「半端者」くらいのニュアンスなので、訳文は「役立たずがまたひとり消えたってことか」となっていました。

　このほか、loose term（あいまいな用語）、loose fund（遊休資金）、loose cannon（締まりのない大砲➡問題人物、ほら吹き）など、意味を想像しづらい表現がいくつもあります。

『窓際のスパイ』

29

finger
全部で何本？

　人間には、ふつう finger が全部で何本あるでしょうか。

　20本だと思った人がいるかもしれませんが、足指は toe であって、finger ではありません。

　では、10本かというと、これが微妙なところです。片手の5本の指を親指から順に言うと、thumb、forefinger、middle finger、ring finger、little finger ですから、親指は finger に含まれないことになります。もっとも、かならずしもそうは言いきれないようで、OED には finger の語義として

　　Each of the five slender jointed parts attached to either hand;
　　(also, in narrower sense) each of the four excluding the thumb.

とあります。つまり、全部で8本でも10本でもいいわけですね。

　それぞれの指の名前には、ほかに正式な呼称があり、エラリー・クイーンの『中途の家』（佐藤桂共訳、KADOKAWA、角川文庫）には、指紋鑑定の専門家が法廷でこんなふうに言う場面がありました。

Of A on the blade of the knife: One print of the <u>pollex</u>, two of the <u>index</u>, two of the <u>medius</u>, two of the <u>annularis</u>, one of the <u>auricularis</u>.

人物 A は、ナイフの刃に、母指の指紋が一、示指が二、中指が二、環指が二、小指が一。

　このうち、人差し指の index finger だけはふつうによく使われますが、あとはラテン語由来の専門用語で、ほとんど見かけません。

　finger を使ったいろいろな言いまわしもあるので、覚えておくとよいものをいくつか並べます。

　　butterfingers　よく物を落とす人

　　green fingers (green thumb)　園芸の才能

　　light-fingered　手先の器用な、（すりなどが）手癖が悪い

　　fish finger (fish stick)　細長い切身の魚のフライ

　ほかに、「数＋ finger(s)」で、グラスにその本数の指幅の高さだけ注がれた酒を表すこともあれば、文脈によっては「〜年の刑期」を表すこともあります。

　また、指を折って数をかぞえる方法は各国で異なるので、とてもおもしろいです。ネットの動画などで調べてみてください。

『中途の家』

30

短く言うのがむずかしい

　場所を表すことばで、この上なく訳しにくい単語の代表が、この clearing。これは森などの少し開けた何もない空間のことで、物語などにとてもよく出てきます。

　たとえば、絵本『ぐりとぐら』（なかがわりえこ作、おおむらゆりこ絵、福音館書店）で、野ねずみのぐりとぐらが森の動物たちとカステラを食べる場所が、まさにこの clearing でしょう。英和辞典には「（森のなかの）空き地、開拓地」などとありますが、そのまま訳語として使えることはほとんどありません。そこで、「少し開けたところ」「そこだけ木がない場所」のように説明的に訳すのですが、これは出会いや戦いの場など、重要な舞台となることも多く、繰り返し同じ訳語にするわけにもいかなくて困ってしまいます。

　clearing は『小説　アナと雪の女王2』でも中盤の主舞台になります。ここでは1度目は説明的に、つぎは別のことばに言い換えました。

One by one, the reindeer jumped through the flaming bushes

until they were safely in the clearing.
トナカイたちは燃えさかる林を一頭ずつ飛ぶように走りぬけて、ひらけた安全な場所へ出た。

the herd of Northuldra reindeer ran out of the forest（中略）into a clearing.
ノーサルドラのトナカイたちは森から駆けだし、（中略）草原へ向かった。

『天使と嘘』では、死体の発見現場が clearing であり、2度目は少し大ざっぱな表現で処理しています。

Jodie Sheehan floating in a pond or lying half-naked in a clearing, surrounded by trees
ジョディ・シーアンがときに池に浮かび、ときに木々のなかの空き地に半裸で横たわっている

she died cold and alone in that clearing
ジョディは森のなかでひとり冷たく死んだのよ

clearingの一例

31

spoil

大切な、あまりに大切な……

　spoil の代表的な意味は「台なしにする」「甘やかす」ですが、名詞として使う場合、そこから連想できる「傷物」「破損品」以外に、特に複数形になったとき、「戦利品」「分け前」という意味を持つことがしばしばあります。動詞の訳語とは正反対の意味に感じられ、イメージしづらいのですが、これはどういうことでしょうか。

　調べてみると、spoil の語源は spolium（動物から剥ぎとった皮）というラテン語で、そこから「剥ぎとったもの、略奪品」➡「剥ぎとる、奪う」➡「台なしにする」と変化してきたようです。つまり、名詞の意味のほうが先にあったということで、語義を古いほうから並べてある OED では、たしかに上の順序で並んでいます。

To preserve their warrior identity, the Mongols needed the <u>spoils</u> of conquest to fund their huge army.

兵士としての意欲を保つために、モンゴルは征服によって<u>戦利品</u>を手に入れ、大きな軍隊の費用をまかなう必要があったのである。

（『世界物語大事典』）

After the dodge on the solicitors had been successfully brought off, Pluckrose fell out with his former colleagues over the division of the spoils ...

事務弁護士を狙った詐欺行為が成功したあと、プラックローズは分け前を巡って仲間たちと揉め……　　　　　　　（『夜の真義を』）

　動詞の spoil は、「甘やかす（treat too kindly）」ではなく「とても大切にする（treat very kindly）」の意味になるときもあり、"This hotel will spoil you with excellent service." のように使いますが、これなどは「分け前」の意味が強まった例なのかもしれません。
　「台なしにする」の意味にもどりますが、spoiler の形になったとき、物語や映画などを「台なしにするもの」、つまり「ネタバレ」の意味で使われることがしばしばあります。

Spoiler alert: At the climax of the novel, Else's impasse explodes into an act of wild exhibitionism and a drug overdose.

未読の人の興を削ぐかもしれないが、行きづまったエルゼは、最後には公衆の面前で裸になり、大量の睡眠薬を口にする。

（『ストーリー』）

「ネタバレ警報」でもいいのですが、前後の流れを spoil しないために上のように訳しました。

32

room
フットボールができる部屋？

　room の意味はもちろん「部屋」ですが、そうとも言いきれない場合が多くあります。一般に、可算名詞（数えられる名詞）のときは仕切りのある「部屋」ですが、不可算名詞のときは境目のない「空間」を指します。

　Clear away, my lads, and let's have lots of <u>room</u> here!
　さあ片づけよう。ここをうんと<u>広くあけ</u>ておくれ！

　上は『クリスマス・キャロル』で若きスクルージの雇い主が言う台詞で、このあと、その空間でダンスがおこなわれます。

　We followed him down the hall and through a door that led to a high-ceilinged <u>room</u> almost big enough for a football field.
　ジェフのあとにつづいて通路を進み、ドアをひとつ通り抜けると、天井の高い、フットボール場がひとつはいりそうな<u>空間</u>に出た。

この例（「四人の盲人」、『真っ白な嘘』所収）では、room の前に a があるので、これは可算名詞ですが、a football field がはいりそうな広さなら「空間」のほうが適当です。なお、これはアメリカの作品なので「フットボール場」ですが、イギリスの作品なら「サッカー場」でしょう。

　このほか、Her guilt left no room for doubt.（彼女の有罪には疑いの余地がなかった）のように、room が抽象的な「余地」「可能性」、さらには「収容力」などを表す場合もかなりあり、その場合も不可算名詞です。

33

foolscap

サイズがよくわからない

　アメリカなど、北米の国と仕事などでやりとりした人なら、letter size の紙を使ったことがあるのではないでしょうか。これは日本でよく使われている A4 版の紙とほぼ同じ大きさですが、微妙に幅広（横長）なので、プリントアウトの際などに困ってしまいます。正確には、A4 は 210mm × 297mm で、letter size は約 216mm × 279mm。このほか、契約文書などでは legal size の紙もよく使われ、こちらは letter size より縦長の約 216mm × 356mm です。

　イギリスでは、いまは A4 の紙が主流ですが、少し前までは foolscap という紙がよく使われていて、いまでも年配の人は A4 の紙を foolscap と呼ぶことがあります。道化師の帽子を表すこの名前がついたのは、かつて道化師の透かし模様が紙にはいっていたことに由来しています。

　これは A4 よりやや縦長の紙で、印刷用（約 216mm × 343mm）と筆記用（約 203mm × 330mm）で微妙に大きさがちがいます。ところが、英和辞典であれ英英辞典であれ、辞書に foolscap の意味として載っているのは、2 倍の大きさの A3 に近い紙（約 343mm ×

432mm）のことなので、どちらが正しいのかと混乱します。調べてみると、いまふつう foolscap と呼ばれている紙は、正式には foolscap folio（ふたつ折り）のことであり、本来のサイズの紙（full foolscap）はほとんど使われなくなっているようです。ややこしいですね。

　ただし、100年以上前に書かれたシャーロック・ホームズのシリーズなどには、大きいほうの foolscap がよく登場します。わたしの訳書では、19世紀を舞台とした『夜の真義を』に、主人公の母親が no wider than a piece of foolscap の部屋で内職をしている場面がありました。もちろん誇張表現ではありますが、これも A4 ではなく A3 に近い紙のことです。

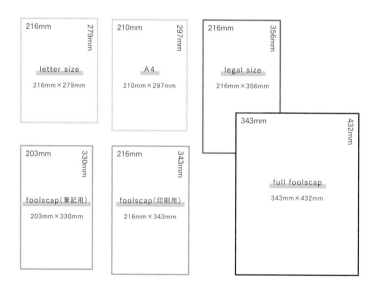

216mm　279mm
letter size
216mm×279mm

210mm　297mm
A4
210mm×297mm

216mm　356mm
legal size
216mm×356mm

203mm　330mm
foolscap（筆記用）
203mm×330mm

216mm　343mm
foolscap（印刷用）
216mm×343mm

343mm　432mm
full foolscap
343mm×432mm

34

time
ナンパの裏技

　知り合いの女性がイギリスを旅行していたとき、前方から歩い
てきたイケメンのお兄さんに突然声をかけられたそうです。ナン
パされたと思い、その女性がどう返事したらいいかともじもじし
ていたところ、お兄さんは困ったような顔でその女性の腕時計を
指差したとのこと。

　さて、その女性は何をどう聞きまちがえたのでしょうか。

　正解はこうです。

　Do you have the time?

　Do you have time?

　お兄さんは the をつけて、「いま何時ですか？」と尋ねたのです
が、女性はその the を聞き落として「いま、お時間ありますか？」
だと思いこんだというわけでした。Do you have the time? は What
time is it? よりもややていねいな尋ね方です。

　では、Do you have a time? という言い方はあるかというと、こ

れは英文として成り立ちません。a time と言う場合の time は可算名詞なので、「1回」という意味になるか、「〜の期間」のように何かの限定語句とともに使ってはじめて成り立つ形になるか（for a long time など）のどちらかだからです。

　time については、このように冠詞や単数・複数で意味が異なる場合があり、behind the times（時代遅れ）と behind time（遅刻して、時計が遅れて）なども要注意です。

　ほかに注意すべき表現をいくつか。half the time はふつう「半分の時間」という意味ですが、不快な感情をこめて何か言う場合に「たいてい」「しょっちゅう」のようなニュアンスで使われることもあります。

> Half the time you don't even notice what I'm saying.
> いつだってきみは、ぼくの言ってることを聞かないじゃないか。

　もうひとつ、time and a half という言い方に誤読が多く見られます。この time は three times（3倍）などと同じ「〜倍」という意味ですから、time and a half は「1.5倍」ということです。

35

priceless
ただほど貴重なものはない

　前著 p.057 に、invaluable（計り知れないほど貴重な）は valuable（貴重な）の反対の意味ではない、と書きましたが、同じようなことが言えるのは priceless と price の関係です。priceless は「値段がない」、つまり「値段のつけようがないほど貴重な」という意味で使われます。

　一方、valueless や worthless は文字どおり「価値がない」ので、valuable や worthy の反対の意味だと言えます。ややこしいですね。

　priceless とほぼ同義の言い方に beyond price、above price、without price があり、どれも値段を超越して貴重だということです。

　また、会話においては、priceless を「すごくおもしろい」の意味で使ったり、あえて字面どおりの「くだらない」「ばかばかしい」の意味で使ったりすることもありますが、後者の場合はいかにもわざとらしい言い方をするので、混乱することはまずありません。

　以下は、12歳の少年テッドを語り手とする *The Guggenheim Mystery*（ロビン・スティーヴンス、未訳）の一節です。テッドには発

達障碍の傾向がありますが、すなおな目でさまざまなものを観察して、難事件を解決します。これは貴重な美術品の話をしている場面で、テッドの性格がよく表れています。

> "But they're priceless, Mum." I said sensibly.
>
> "*Priceless* means expensive, you neek," said Kat.
>
> Then I felt angry at people who do not use words in a scientific way. How could *priceless* mean exactly the opposite of itself?

　「でもママ、絵は値段がつかないんだよ」ぼくは気をきかせて言った。

　「"プライスレス"は高いってことよ、ニーク」カットが言った。

　ぼくはことばを筋道立てて使わない人たちに腹が立ってきた。いったいどうして、"プライスレス"がまったく逆の意味になるんだ？

　2行目の neek は、nerd（おたく）と geek（変人）を合わせた造語で、カットはテッドの姉です。なんとなくテッドの気持ちがわかるような気がしますね。

36

ten to one

なぜ「十中八九」になるのか

オー・ヘンリーの短編「最後のひと葉」(『オー・ヘンリー傑作集2 最後のひと葉』、KADOKAWA、角川文庫所収)で、肺炎に冒されたジョンジーの容態について、医師がその親友のスーに "She has one chance in—let us say, ten."(「あの子が助かる見こみは——そう、十にひとつだな」)と告げます。それを聞いたスーは、ジョンジーを励ますためにわざとまちがえて "let's see exactly what he said—he said the chances were ten to one!" と伝えます。

この ten to one は、辞書や熟語集には「十中八九」と載っていることが多いのですが、正確には「10対1の確率で」ということです。だから厳密に言えば「"十一"中"十"」なのですが、もちろんふつうは「十中八九」でかまいません。この例ではもとの「十にひとつ」になるべく合わせたかったので、わたしは「正確にはなんて言ってたっけ——そう、十のうち九だって!」と訳しました。

数を用いた決まり文句で、ほかに非常にわかりにくいものとしては、(all) at sixes and sevens があげられるでしょう。これは「混

乱している」「不和である」といった意味ですが、由来については、サイコロのゲームがもとになっている、ふたつ足すと13という不吉な数になる、など諸説あって、よくわかりません。

by（または in）twos and threes は「三々五々」と訳すことが多く、要はふたつや3つの塊に分かれてということです。

(up) to the nines は「完全に」「入念に」。最もよく見かける形は be dressed to the nines（思いっきりめかしこんで）です。これも由来は諸説あります。

最後に、わたし自身が苦労した体験談をひとつ。クロスワードパズルに似た cross number puzzle というものがあり、質問（カギ）に対して何マスかの数で答えるのがルールです。たとえば、カギが days in March（3月の日数）であれば、答は31日ですから、ふたつのマスに3と1を書きこむというわけです。

あるカギには five to six と書いてあり、答の欄は3マスでした。わたしはよく考えても辞書を調べてもさっぱりわからず、巻末の正解を見ましたが、そこにある3桁の数を見ても、なぜそれが答なのかまだわからず、ずいぶん経ってやっとひらめきました。

みなさんには正解とその理由がわかったでしょうか。まず正解だけ知りたいときは p.201 を、理由も知りたい人は p.244 を見てください。ヒントは、「5から6まで」という意味ではないことと、そのパズルが載っていたのはイギリスの本だったということです（ますますわからなくなったかもしれませんね）。

37

dozen

パン屋さんも、印刷屋さんも、悪魔も

　1ダース（12個）を表す英単語がdozenなのはご存じですね。これには、ぴったり12個を表したい場合と、だいたい10個ぐらいを表したい場合の両方があり、どちらなのかを文脈で判断することになります。後者なら、a dozen ofは「十余りの」、dozens ofは「数十の」か「何十もの」などと訳すことが多いです。

　dozenほど頻繁には見かけませんが、grossが12ダース、つまり12 × 12=144個を表すことがあります（ほとんどの場合、単に「総量」「合計」という意味です）。さらに、small grossは10ダース（12×10 = 120個）、great grossは12グロス（12 × 12 × 12=1728個）を表します。

　a couple ofも、はっきりと「2個（人）」のときと、「2、3個（人）」のときがありますが、大半は後者でしょう。

　scoreが20という意味になることもありますが、これもscores ofなどの形で漠然と「たくさん」を表すことのほうが多いです。

　grandは1,000という意味で使われることがあり、これは概数よりもぴったりの数を表すほうがふつうで、それも1,000ドル（またはポンド）の意味で使う例がほとんどだと思います。

dozen にもどりますが、なかなかおもしろいのが baker's dozen という言い方。「パン屋の1ダース」は、おまけをひとつ加えて13個のことです。このほか、printer's dozen、devil's dozen、long dozen はいずれも13を表します。

　baker's dozen が小説で使われた例をひとつ紹介しましょう。

　Mrs. Joe has been out a dozen times, looking for you, Pip. And she's out now, making it a baker's dozen.

　かみさんがさ、ピップ、きみを捜して、何度も外に出て行ったんだよ。それに今も探しに行ってるけど、これで十三回目なんだ。

（『大いなる遺産』ディケンズ、石塚裕子訳、岩波文庫）

38

more, less, between
境目はどうなるのか

　日本語で「5人以上（以下）」と言えば5人を含みますが、「5人より多い（少ない）」と言えば5人を含みませんね。このような境界や端に関する表現は英日両方にいくつか存在し、ルールがはっきり決まっているので、対応する訳語をあてるのは特にむずかしくありません。

　ただ、日本語話者でこの手の表現を使いまちがえる人がけっして少なくないのと同様に、英語のネイティブスピーカーにもそういう人はかなりいる、ということは頭に入れていてください。ここで書くのは、英日どちらであれ、たとえば数学の問題を解くときにも正しいとされる区別です。

　両方の表現で頻出するものをまとめると、こうなります。

《境界を含む》

at least ⬌ at most	以上⬌以下
from ... till (to) ～	…から～まで
... or (and) more ⬌ ... or (and) less	以上⬌以下

《境界を含まない》

more than ... ⬌ less than ...	より多い⬌より少ない
between A and B	A と B のあいだ
above ⬌ below	より上⬌より下
over ⬌ under	より上⬌より下
inside ⬌ outside	より中⬌より外

　形容詞・副詞の比較級は、すべて more や less と同じく、境界を含まないと考えてかまいません。

　比較級の否定については、たとえば more than 5 は「5 より多い」（5 を含まない）ですから、not more than 5 はそれ以外の部分、つまり「5 以下」（5 を含む）を表すことになります。above などの前置詞が否定とともに用いられる場合も同様に考えます。

　注意すべきなのは inclusive ということばで、これは上記のような表現とともに用いられると「両端を含めて」という意味になります。between A and B は「A と B のあいだ」（A と B を含まない）ですが、between A and B, inclusive は「A から B まで」（A と B を含む）と同じ意味になります。この inclusive は、from A to B, inclusive のように、もともと両端を含む言い方にも添えられることがありますが、それは念を押しているにすぎず、ただの from A to B と変わりません。

39

計算の仕方を工夫しよう

　前著 p.076 で、英語圏の度量衡（ポンドやフィートなど）を翻訳でどう処理するかについて書きましたが、温度の摂氏（Celsius または centigrade、℃）と華氏（Fahrenheit、℉）については、あまりにもわかりにくいので摂氏でそろえるのが昔から習慣になっています。「きのう、熱が100度あったよ」では、読者がびっくりしてしまいますからね。

　摂氏と華氏の換算は、「C ＝ 5（F － 32）÷ 9」という式で表されますが、なんだかわかりにくいので、わたし自身は以下のことを覚えています。

　・氷点（0℃）は32℉に相当、沸点（100℃）は212℉に相当。

　・5℃あがると、9℉あがる（華氏が1.8倍）。

　・平熱は95℉から98.5℉ぐらい。100℉だとかなりの高熱。

　・気温60℉ぐらいから70℉ぐらいが過ごしやすい。80℉を超えると暑い。

もちろん、きちんと計算しなくてはいけない場合は換算式にあてはめますが、日常的な感覚としては左記のことが大切です。

レイ・ブラッドベリの『華氏451度』(伊藤典夫訳、早川書房、ハヤカワ文庫SF) は、読書を禁じられた世界を描く近未来ディストピアSFの名作ですが、これは本が引火して燃える温度を表しています (約232.8℃)。

英米ではいまでも華氏を使うのが主流ですが、科学の世界では摂氏を使うことのほうが多いです。ネタバレになってしまうので作品名は明かせませんが、アイザック・アシモフのある短編で、老いた科学者が死の床において、ある重要な実験の設定温度を「40度に保って……」と言います。聞いていた人が「摂氏ですか、華氏ですか?」と尋ねると、老人は「そんなことはどうだっていい」と言って、そのまま息を引きとってしまいます。

さて、この老人はなぜ「どうだっていい」と言ったと思いますか。正解はp.207にあります。

(わたしの計算法の「氷点 (0℃) は32°Fに相当する」「5℃あがると、9°Fあがる (華氏が1.8倍)」にあてはめてみると 40 × 1.8 = 72 だから、32 + 72 = 104。つまり40℃ = 104°F。あれれ、一致しないな……)

『華氏451度』

40

number, power など
数は魔物

　ここまで数に関する話がつづきましたが、数にまつわる誤読・誤訳は致命的な結果につながることが多いです。Chapter 2 の終わりに、ほかの要注意語をまとめてみます。

　まず、number（数）と digit（または numeral、数字）のちがいが、ときには重要となります。たとえば、10 という number（数）は 1 と 0 というふたつの digits（数字）から成り立っています。

　その digit を用いた非常にまぎらわしい言い方が tenths' digit と tens' digit。a tenth は「10 分の 1」ですから、前者は「10 分の 1 の位」つまり「小数第 1 位」で、後者は「10 の位」です。「1 の位」は units' digit といいます。

　power は数と組み合わせたときに「累乗」という意味になることがあります。たとえば、「5 の 2 乗」は the square of 5、「5 の 3 乗」は the cube of 5、「5 の 4 乗」以上は the fourth power of 5 のような言い方をします。

　動詞 round は概数を表すときに使います。日本語にも「まるめる」という言い方がありますね。四捨五入のときはただの round

ですが、切り上げなら round up、切り捨てなら round down です。

mean は、名詞の場合は「意味する」でも「卑しい」でもなく、「平均」です。ときどき、arithmetic mean という言い方を見かけますが、これは数学で言う「相加平均」のことで、いわゆる「平均」（average）と同じ意味です。

数というより図形に関する表現ですが、side は平面図形では「辺」を表しますが、立体図形では「面、表面」を表すので要注意です。まぎらわしさを避けるために、立体図形では「辺」を edge といいます。

最後に、翻訳史上に残る名訳だとわたしが思っているのが、円錐の「母線」。英語では generator または generating line で、これをおそらく明治時代にはじめて「母線」と訳した人はすばらしいと思います。

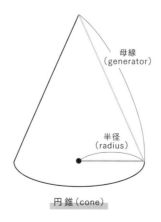

母線
（generator）

半径
（radius）

円錐（cone）

お勧め辞書

　お勧めの辞書について、よく質問されます。大学受験レベルよりも上の力をつけたい人、各種英語テストの最上級レベル（英検1級など）をめざす人、翻訳・通訳などの仕事に就きたい人であれば、最低でも、語彙数が30万語以上の英和大辞典、語法・文法の解説がくわしい英和辞典、本格的な英英辞典が1冊ずつ必要です。

　英和大辞典には、『ランダムハウス英和大辞典』（小学館）、『リーダーズ英和辞典』、『リーダーズ・プラス』、『新英和大辞典』（以上、研究社）、『ジーニアス英和大辞典』（大修館書店）などがあります。

　語法・文法の解説がくわしいものとしては、『ウィズダム英和辞典』（三省堂）がお勧め。上記の大辞典のなかではジーニアスがいちばんくわしいと思います（語彙数の少ない『ジーニアス英和辞典』でも可）。

　英英辞典としては、この本でも何度か言及している *Longman Dictionary of Contemporary English*（LDOCE）などがお勧めです。*Collins COBUILD English Dictionary* は、語義解説がその語を含んだ例文の形になっているので、語法を知りたいときに役立ちます。*Oxford English Dictionary*（OED）は、くわしいだけでなく、単語の成立年代や、時代ごとにどんなふうに意味が変化してきたかを知

るのに便利です。

　上記のどれであれ、紙の辞書、CD-ROM 版、携帯電子辞書、オンライン版、アプリ版など、さまざまな形があります。それぞれの環境や予算に合わせて、適宜組み合わせて使ってください。

　最近は、英和辞典にかぎらず、多くの辞書を年間契約の形で利用できるサイトもあり、その手のサービスを使う手もあります。代表的なものとして、ジャパンナレッジ Lib や研究社オンライン・ディクショナリー（KOD）があります。

　わたし自身は、1990年代から2000年代にかけて買いそろえてきた CD-ROM 版辞書（専門用語辞典、類語辞典、国語辞典なども合わせて30種くらい）に、みずから作った用語集などを加えて、串刺し検索（同時にいくつもの辞書を検索すること）できる環境にしてあり、それを土台にして、Google をはじめとするネット検索で補完する形で仕事をしています。いまのところ、それで不自由しないので、OED のオンライン版の年間契約以外は、有料のオンライン版辞書には手を出していませんが、いまからそろえる人はオンライン版やアプリ版がよいのではないかと思います。いずれにせよ、辞書にかけるお金を手控えすぎると、結局損することになりますから、ある程度の投資は積極的にしてください。

chapter

3

翻訳者はつらいよ

ここからは、文芸翻訳の仕事を長年つづけてきたなかで、どんなふう
に処理してよいか困ったものや、いっしょに考えてもらうとおもしろそう
なものを、8つの項目に分けて紹介します。

具体例を示しながら、翻訳者としてはそれぞれにどう臨むべきかという姿
勢も同時に示すつもりです。これを読んで、海外作品の翻訳書や、翻
訳という営みそのものにさらに深く興味を持ってもらえるとうれしいです。

1

英語タイトル・日本語タイトル

　ヅーフヲー『魯敏孫漂流記 絶世奇談』

　シェキスピヤー『人肉質入裁判 西洋珍説』

　これは1883年（明治16年）に日本で刊行された翻訳書の作者名とタイトルで、訳者はどちらも井上勤という人でした。どちらも有名な作品なので、現在なんと呼ばれているのかわかる人も多いでしょう。上はデフォーの『ロビンソン・クルーソー』で、下はシェイクスピアの『ヴェニスの商人』です。当時はいまとは比べ物にならないほど辞書や参考資料が少なく、おそらく手探りで訳

　　『人肉質入裁判　西洋珍説』　　　　『魯敏孫漂流記：絶世奇談』

出作業を進めていたので、翻訳にともなう苦労は想像を絶するものだったでしょう。そしてこの当時から、翻訳書にどんなタイトルをつけるかは翻訳者や出版社の人たちにとって大きな関心事だったはずです。

　もちろん、その過程で誤訳や勘ちがいもいくつかありました。ジョン・フォード監督の名作映画 "Stagecoach" は、当初は『舞台監督』というタイトルで世に出そうになったという話を聞いたことがありますが、真偽のほどは定かではありません（正しくは『駅馬車』）。

　ウィリアム・ワイラー監督の "Roman Holiday" は、もちろん日本では『ローマの休日』と訳されています。Roman Holiday というのは、古代ローマで休日に剣奴の闘技（殺し合い）がおこなわれたことから、人の犠牲によって得られる娯楽や大混乱を意味します。つまり、オードリー・ヘップバーン演じる王女の引き起こした「大騒動」を評したタイトルなのですが、邦題は「王女と新聞記者の楽しい１日」のようなニュアンスになりました。これなどは、誤訳にはちがいありませんが、このタイトルのおかげで名作としていまも語り継がれているのですから、むしろ名訳と呼ぶべきでしょう。

　村上春樹『ノルウェイの森』（講談社文庫）のタイトルはビートルズの「ノルウェーの森」（Norwegian Wood）という曲から採られていますが、森は woods という複数形になるのがふつうなので、歌詞の内容から考えても、「ノルウェー産の木材（でできた部屋）」と訳すのが正しいのではないかと言われています。これについては

諸説あり、小説の英訳版は単数形のまま *Norwegian Wood* となっています。

　では、ここでクイズです。以下はどれも海外の有名な文学作品の原題（英語圏以外の作品の場合は英題）です。日本での作品名を考えてください。

1. *Wuthering Heights*

2. *Charlie and the Chocolate Factory*

3. *The Divine Comedy*

4. *To Kill a Mockingbird*

5. *Romance of the Three Kingdoms*

1.『嵐が丘』（エミリー・ブロンテ）

　wuther は作品の舞台であるイギリス北部の方言で、意味は「（びゅんびゅん）風が吹く」。weather の変形と考えられます。height は高台のことで、主人公の住んでいた屋敷を指しています。これを『嵐が丘』と訳したのは英文学者の斎藤勇氏とされていて、それ以後異なる訳者で何種類もの訳書が出ていますが、みごとな訳題なのでそのまま踏襲されています。

2.『チョコレート工場の秘密』（ロアルド・ダール）

『チャーリーとチョコレート工場』と答えた人が多いでしょうが、それは映画のタイトルで、小説の訳題はこちらです。ダールは大人向けと子供向けの両方の作品を書いています。ことば遊びや韻を踏む詩がたくさん含まれていて、翻訳に高度な技術を要する作品です。

3.『神曲』（ダンテ・アリギエーリ）

イタリア語では *La Divina Commedia*。そのまま訳せば「神聖な喜劇」です。地獄・煉獄・天国を旅していくきわめて深刻な話なのに、「喜劇」と題されているのは、結末でダンテ自身が天国まで行って生還する「ハッピーエンド」であることと、この作品のように口語体で書かれたものを当時は喜劇と呼ぶ傾向があったことと、ふたつの理由によるものです。

4.『アラバマ物語』（ハーパー・リー）

日本ではあまり読まれていないかもしれませんが、アメリカでは非常に知名度が高い1960年の作品で、南部での黒人への人種差別を批判的に描いています。原題の「物真似鳥を殺す」には、さまざまな含意が考えられるので、あえてここでは説明しません（未読の人はぜひ読んでください）、わかりにくいので『アラバマ物語』になったと想像できます。

5. 『三国志演義』（羅貫中とされるが、異説あり）

　西洋の作品だと思っていた人にとっては難問だったでしょう。romance は現代で言う「ロマンス」ではなく、「伝奇物語、空想物語」といった意味合いです。一方、写実性を重んじる形で17世紀ごろから現れたのが novel（小説、「新しい」という意味もあり）です。『三国志演義』は元から明の時代（14世紀ごろ）に完成していて、史実に基づいた部分もありますが、romance と呼ぶにふさわしい作品です。

　つぎに、日本の文学作品の英訳版を見て、もとの日本語のタイトルを考えてください。おそらく、こちらのほうが難問です。2. と3. は古典に属し、ほかは第2次世界大戦以降に書かれたものです。

1. *The Setting Sun*

2. *Essays in Idleness*

3. *The Narrow Road to the Interior*

4. *Socrates in Love*

5. *Murder at Mt. Fuji*

The Setting Sun

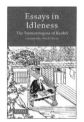

Essays in Idleness

1.『斜陽』（太宰治）

「沈んでいく太陽」なので『斜陽』です。没落していく貴族を太陽にたとえた太宰の代表作です。『人間失格』は *No Longer Human*。

2.『徒然草』（兼好法師）

「つれづれなるままに書いた随筆集」ということでしょうね。随筆としてほかに名高い古典では、『枕草子』が *The Pillow Book*。たしかに原題どおりですね。

3.『おくのほそ道』（松尾芭蕉）

SF のようなタイトルですが、元禄期の紀行文でした。「おく（奥）」は奥州（東北）を指しますが、人生の真実の内奥まで分け入っていく俳文集でもあるので、the Interior はぴったりの訳語だと思います。*The Narrow Road to the Deep North* という英題もあるようですが、個人的には the Interior のほうが好きです。

4.『世界の中心で、愛をさけぶ』（片山恭一）

2001 年に刊行され、約2年後に火がついて計300万部販売に達した大ベストセラーです。作者は『恋するソクラテス』というタイトルを考えていましたが、編集者の提案によって、ハーラン・エリスン『世界の中心で愛を叫んだけもの』などをヒントにこのタイトルが決まったと言われています。英題は作者がつけたタイトルを訳したものです。

5.『Wの悲劇』（夏樹静子）

　作者はエラリー・クイーンの作品を敬愛していて、このタイトルは『Xの悲劇』ではじまるドルリー・レーン4部作へのオマージュでしたが、アメリカでは無名の作家だったため、出版社の意向によって、日本的なものの代表である富士山をタイトルに入れると決められてしまいました。もちろん、作者にとっては不本意だったそうです。たしかに、舞台は山中湖畔なので「富士山殺人事件」にはちがいありませんが……。

　一般に、本のタイトルは作者や翻訳者ではなく、出版社（編集者、営業担当者、上層部など、いろいろ）に決定権があります。もちろん、作者や翻訳者から提案することや、編集者と相談することはありますが、それが採用されるかどうかはわかりません。

　自分の訳書のタイトルで思い出深いものについては、『翻訳百景』（角川新書）にくわしく書きましたが、ここではそこに載っていない3作を紹介します。

1.『さよならを告げた夜』（マイクル・コリータ、早川書房）

　原題は *Tonight I Said Goodbye*。「今夜、ぼくはさよならを言った」ではどうにも散漫で、自分ではお手あげでしたが、編集者があっさり決めてくれました。情報としては原題そのままなのに、みごとなタイトルなので、さすがはプロだとうならされたものです。

2. 『解錠師』

原題は *The Lock Artist*。主人公の若者は、口がきけないというハンディを持ちながら、絵が上手で錠前破りの天才でもあります。これはもちろん、rock artist と響きを合わせたタイトルで、切ない青春小説でもあるので、どんな邦題がよいかと考えましたが、いろいろこねくりまわしてもうまくいかず、結局そのままシンプルなタイトルに落ち着きました。いまは、これはこれでいいと思っています。

3. 『フォックス家の殺人』

原題は *The Murderer Is a Fox*。新訳の作品なので、旧題どおりにするのがふつうですが、原題のニュアンスを正確に生かすと、『殺人者はフォックス』などのほうがよいのではないか、「狐」ということばをなんらかの形で入れたほうがいいのではないか、ミステリーとしての仕掛けに忠実なのはそちらではないか、などとさんざん悩みました。最終的には、旧題の知名度の高さゆえに、あえて変更しませんでした。

p.181 について

正解 555（理由を知りたい人は p.244 を見てください）

2

頭韻・脚韻

　前著 p.156 と p.158 でも「頭韻を見ると血が騒ぐ?!」「脚韻を見ても血が騒ぐ?!」という項目を立てたとおり、これらは翻訳者にとっての腕の見せどころでもあり、尽きない悩みの種でもあります。

　ただ、頭韻であれ脚韻であれ、日本語で同じように韻を踏ませて訳したとしても、少々のことでは読者が気づいてくれないという悲しい宿命にあります。気づいてもらうためには、いささか極端なぐらい派手なことばの選び方をせざるをえない、というのがこういうときの原則です。

　そんな例をいくつかあげてみましょう。まずは頭韻の例を4つ。たまたまですが、オー・ヘンリーが3例つづきます。

　　Then it was that the Madness of Manhattan, the Frenzy of Fuss and Feathers, the Bassilus of Brag, the Provincial Pregue of Pose seized upon Towers Chandler.

　　すると、"マンハッタンの魔物"や"華美な空騒ぎ"や"自画自賛の

持病"や "瀟洒賞賛症候群" がタワーズ・チャンドラーに取りついた。

（「洒落男の失敗」、『賢者の贈り物』所収）

I'm a double-dyed dub.
ぼくは正真正銘、性根が腐った、しょうがないやつだ

（「振り子」、『賢者の贈り物』所収）

What do they spell but brag and blow and boodle in box-car letters?
でけえ字で、でたらめ出まかせでっちあげるだけだろ？

（「ラッパの響き」、『最後のひと葉』所収）

I loved being part of "Find Father Fast,"
"父さんとっとと取っ捕まえっこ" が大好きだったので

（『ボーイ・スティル・ミッシング』ジョン・サールズ、アーティストハウス）

『賢者の贈り物』

『最後のひと葉』

このように頭韻が文中に突然出てくることが多いのに対し、脚韻は詩や標語など、もともと定型のあるところで見られるのがふつうです。ラップミュージックもそうですね。

脚韻のあるものを翻訳する際は、意味を重視してかならずしも末尾をそろえることにこだわらないほうがいい場合と、少しぐらい意味を犠牲にしてでもかならず末尾をそろえたほうがいい場合に分かれます。

ダン・ブラウンの作品には四行詩がよく出てきて、たいてい脚韻を踏んでいますが、下の例には、謎解きの鍵を提示する要素がいくつも含まれているため、末尾をそろえることは放棄して、暗号めいたものを（簡単には読者に気づかれないように）埋めこむことを最優先とし、いささか古風でリズムのよい訳文を心がけました。結果として、前半は末尾をそろえること（「眠る」と「被る」）に成功しましたが、それが限界でした。

In London lies a knight a Pope interred.

His labor's fruit a Holy wrath incurred.

You seek the orb that ought be on his tomb.

It speaks of Rosy flesh and seeded womb.

教皇の葬った騎士がロンドンに眠る

彼の者の労苦の菓は神の怒りを被る

その墓を飾るべき球体を探し求めよ

それは薔薇の肉と種宿る胎とを表す

（『ダ・ヴィンチ・コード』）

『ダ・ヴィンチ・コード』（上・中・下）

　ロアルド・ダールの『チョコレート工場の秘密』（柳瀬尚紀訳、評論社）では、Oompa-Loompas（柳瀬訳では「ウンパッパ・ルンパッパ人」）がこんなふうに歌いはじめます。

Augustus Gloop! Augustus Gloop!

The great big greedy nincompoop!

How long could we allow this beast

To gorge and guzzle, feed and feast

On everything he wanted to?

Great Scott! It simply wouldn't do!

However long this pig might live,

We're positive he'd never give

Even the smallest bit of <u>fun</u>

Or happiness to <u>anyone</u>.

オーガスタス・グルーブトリー！　オーガスタスの<u>能なしめ</u>！

でっかい図体食い意地ばかりは<u>底なしめ</u>！

いつまでこんなでぶ豚を<u>飼い</u>

がつがつ食わせてがぶがぶ飲ませて<u>おけるかい</u>

好きなものをなんでも<u>かんでも</u>？

とんでもない！　そうはさせない<u>いつまでも</u>！

どうせこの豚いつまで<u>生きても</u>

役立ちゃしないとても<u>とても</u>

だれを喜ばす<u>わけじゃなく</u>

だれを幸せにする<u>わけじゃなく</u>

　お気づきでしょうが、訳文は原文とほぼ同じ意味で、すべての行できれいに音をそろえています。この歌は50行以上つづき、さらに同じくらいの長さの歌がもう3つありますが、訳者はすべてこの調子で韻を踏ませています。

　頭韻・脚韻（特に頭韻）と相性がいいのが早口ことばです。英語の早口ことばもいろいろあるので、ここで代表的な3つを紹介します（あまり意味がありませんが、いちおう訳文もつけます）。

The sixth sick sheik's sixth sheep's sick.

病気になった6番目の族長が飼う6番目の羊は病気だ。

How much wood would a woodchuck chuck if a woodchuck could chuck wood?

もしウッドチャックが木を投げられるとしたら、何本の木を投げるだろうか？

Red lorry, yellow lorry, red lorry, yellow lorry.

赤トラック、黄トラック、赤トラック、黄トラック。

　早口ことばは発音の練習にもよく使われ、1番目はsとshとthの練習に、3番目は日本人の苦手なlとrの練習によく使われます。日本にも「赤巻紙、青巻紙、黄巻紙」という似たようなのがありますね。

p.187について

正解　「零下40度」だとすると、40×1.8＝72だから、32－72＝－40。つまり、－40℃＝－40°Fだから、どちらも同じ。

3

ダブルミーニング

　ダブルミーニングというのは、文字どおりふたつの意味がある単語や表現のことで、日本語では和歌の「掛詞」が近いですね。たとえば、Chapter 2 の【2】で紹介した "What's the matter?" に二重の意味があったようなケースです。

　ふたつの意味を同時に日本語で表現するのは至難の業で、ぴったり決まったりすると訳者冥利に尽きます。

　自分の訳書では、ドナルド・E. ウェストレイクの *The Scared Stiff* という作品のタイトルを考えたときに苦しみました。これは表向きは「怯えて硬直している」という意味ですが、stiff には「死体」という意味もあります。主人公は事故死を装って保険金をせしめようとする男ですが、根が善人で気が弱く、なかなかうまくいきません。ユーモアミステリーに近い味わいなので、訳題は『弱気な死人』（ヴィレッジブックス）としてみました。

　日本の作品を英訳したもので強く印象に残っているのは、つかこうへい『蒲田行進曲』の英題（*Fall Guy*）です。fall guy は「カモ」や「身代わりにされた者」という意味で、時代劇の大スターの代

『弱気な死人』

わりに危険な「階段落ち」をさせられた大部屋俳優のことですが、タイトルには fall（落ちる）の意味もこめられていて、みごとだと思いました。

　しかし、多くの場合、日本語だけではうまくいかなくて、カタカナのルビを打つ形で処理することになります。その際、最小限の説明を訳文に入れて、全体として筋が通るようにする必要があります。わたしの訳書から例をふたつあげましょう。まずは『フォックス家の殺人』から。

　"Why, that's Bayard Fox's old den in there."
　"Den?"
　"His whatchamacallit his study."
　"Oh," said Ellery.

　「そうか、これはきつねの──ベイヤード・フォックスの──書斎か」

「巣穴（デン）？」

「つまり、本を読んだりする──書斎だよ」

「ああ」エラリイは言った。

　もともとこの作品には、フォックスという苗字の一族を狐（フォックス）にたとえた描写がいくつもあり、ここもそのひとつです。3行目の whatchamacallit は what you may call it が縮まったもの。最初の台詞の主であるデイキン署長が den を「書斎」の意味で言ったのに対し、2番目の台詞を口にしたエラリイは、最初の台詞が fox's old den とつづくこともあって、den が「（狐の）巣穴」だと勘ちがいします。

　訳出にあたっては、2組のダブルミーニングを生かしながら、全体の見通しをよくするために、書斎と巣穴の両方に「デン」とルビを振り、1行目と3行目にことばとダッシュを補うという、かなりこみ入った処理をせざるをえませんでした。

　もうひとつは『クリスマス・キャロル』の最後のあたりから。

He had no further intercourse with Spirits, but lived upon the
Total Abstinence Principle, ever afterwards;

それ以後、スクルージが精霊（スピリット）たちと交わることはなかった。酒（スピリット）を遠ざけたのだから、絶対禁酒主義を貫いたと言えないこともない。

the Total Abstinence Principle（絶対禁酒主義）ということばがいきなり出てきたのは、spirit が「精霊」「酒」のダブルミーニングで使われているからです。それを生かすために両方の語に「スピリット」とルビを振り、後半に説明を補っています。

　ミステリー作品では、このダブルミーニングが謎解きの重大な手がかりになっている場合があり、そういう個所を翻訳するときは、読者に意味がわからなくては困る一方、わかりやすすぎてもまずいので、ずいぶん緊張します。

　p.204 に載せた『ダ・ヴィンチ・コード』の四行詩には、実は2組の（考えようによっては3組の）ダブルミーニングが含まれています。

　また、エラリー・クイーンの『Yの悲劇』（角川文庫）には、ミステリー史上に残る有名なダブルミーニングのくだりがあり、これはわたし自身のものも含めて、過去の訳書ではすべてルビを振る処理をしています。

　この作品は1970年代に日本でテレビドラマ化されていて、そこでは舞台もことばもすべて日本のものですから、ルビを振ることなど不可能だったのですが、ドラマのなかでは実にうまくそこが処理されていました。

4

なぞなぞ

　なぞなぞ（riddle）は、翻訳が必要とされる機会は少ないですが、多くの場合にダブルミーニングや英語内での発想転換が鍵になるので、楽しんで語学力をつけるのに適していると言えます。わたしもよく、*The Japan Times Alpha* に載っているなぞなぞなどで頭の体操に取り組んでいます。

　そういうもののなかからいくつか紹介しましょう。まずは例題と答から。

What kind of fish only thinks about itself and never cares about others?

答 selfish（自分のことばかり考えて、ほかの人のことを考えない fish は？）

　要領はわかりましたね。では、5問出題します。まずはノーヒントで考えてください。それから、まず5問ぶんのヒント、そのあとに5問ぶんの答と訳文を書きます。ノーヒントでわかった人は、すぐに答のページへ飛んでください。

1. Why shouldn't we trust a man in bed?

2. What starts with T, ends with T, and is full of T?

3. Where does Wednesday come after Thursday?

4. What time is it when a pie is divided among four hungry boys?

5. What rock group has four men that don't sing or play music?

なかなか難問ぞろいだと思います。

では、それぞれの問題についてのヒント。

1. because he is _ _ing

2. t_ _ _ _t

3. in the d_ _ _ _ _ _ _ _y

4. 「4等分してひとりずつに」を英語で言うと……

5. George Washington, Thomas Jefferson, Theodore
Roosevelt, Abraham Lincoln

では、解答です。

1. because he is lying（ベッドにいる男を信用してはいけないのはな
ぜ？ lying は「横たわる」「嘘をつく」）

2. teapot（T ではじまり、T で終わり、T［=tea］がいっぱいはいっ
ているものは？）

3. in the dictionary（Wednesday が Thursday よりもあとに来る場所
はどこ？ 辞書ではアルファベット順に並ぶ）

4. 12:45（お腹をすかせた 4 人の少年にパイを配る時刻は？ quarter
to one は「4分の1をひとりに」「1時15分前」）

5. Mount Rushmore（歌いも演奏もしない 4 人の男がいる rock
group［= 岩の集まり］は？

ラシュモア山はサウスダコタ州にある国立公園内の山で、4人の大統領の顔を彫ったモニュメントがある)

Mount Rushmore

　ちょっとばかばかしいものもありましたが、ご愛敬ということで。

　ついでに、前著 p.127 にも載せた「行きすぎた PC（political correctness）」のクイズを3問。「chairman ➡ chairperson」「Indian ➡ Native American」のように、人種・宗教・性別・障碍などの差別的表現を避けるための言い換えをすることがありますが、以下はどんなことばを言い換えたものでしょうか。

1. visually unfavorable

2. utility hole

3. cost-of-living adjustment specialist

　1. はわからないでもないし、2. は実際にこのように言い換える
ことが多くなっていますが、3. はただの冗談だと言っていいでしょ
う。

　では、正解。

1. ugly（視覚的に好ましくない）

2. manhole（マンホール、性別を限定する man を避けている）

3. shoplifter（生活費調達のスペシャリスト。「万引き」が正解ですが、
別解もいろいろありそうです）

5

ことば遊び・駄洒落

　韻を踏むわけではないものの、ちょっとしたことば遊びが英文に仕掛けられていることはよくあります。そういう場合も、日本語の流れのなかでそのまま訳しても埋もれてしまい、読者がまったく気づかないことが多いので、いささか目立ちやすい処理をすることがあります。

　まずはダン・ブラウン『デセプション・ポイント』（KADOKAWA、角川文庫）から。

　　"We've got flagellates," Tolland said, staring into the luminescent water.

　　"Flatulence?" Corky scowled. "Speak for yourself."

　Tolland は生物学者、Corky は物理学者です。flagellates は鞭毛藻または鞭毛虫のことで、Corky が聞き慣れないことばを耳にして、flatulence（腹の張り、ガスがたまること）ではないかとふざけ半分に問い返す場面です。

ここでは、flagellates と flatulence の音が似ていることが重要なので、音の響きが近い訳語を選ぶ必要があります。

　鞭毛藻と響きが似たことばで、ふざけ半分になることばとして、最初に「健忘症」を思いつきましたが、その後、母音はややそろわないものの、flatulence に意味が近く、おふざけ度が高いことばが頭に浮かんだので、そちらを選んで以下のようにしました。

　「鞭毛藻だよ」発光する水を見つめて、トーランドは言った。

　「便秘症？」コーキーは顔をしかめた。「おまえさんのことだろ」

　聞きまちがいの処理をもうひとつ。『小説　アナと雪の女王　影のひそむ森』からです。

"Anna, you said we need a mystic, ja?" asked Oaken, tapping the tips of his fingers together. "Maybe Sorenson can help!"

"Sore‐what?" Olaf asked.

"Sorenson," said Oaken. "He's what you'd call an expert in myths and lore. He's the mystic of Miner's Mountain."

　「アナ、さっき、魔術師が必要って言ってたね、ヤー」オーケンが両手の指先を合わせながら言った。「ソレンソンなら、ちょうどいいかもしれない」

　「ほうれんそう？」オラフが言う。

「ソレンソン。神話や伝説の専門家みたいな人でね。〈鉱夫の山〉に住んでて、魔法にくわしいよ」

"Sore-what?" は、「ソレ——何？」などと訳すこともできますが、雪だるまオラフのとぼけたキャラクターを生かすために、このようにしてみました。

　単に音を似せることよりも、意味を反映することを重視して処理したほうがいい場合もあります。
　未訳の *Flash and Dazzle*（Lou Aronica）は、大学の新入生4人がオリエンテーション合宿でグループを組む場面ではじまります。以下は、4人のひとりである語り手が、仲間のひとりについてユーモラスに説明している個所です。

I can't remember the other guy's name, but we nicknamed him "The Inebriator" because of his seemingly monomaniacal desire to get as drunk as possible. I'm definitely not a teetotaler, but it was actually a little frightening to watch this guy go at it.

もうひとりの本名は思い出せないけれど、ひたすら早くひたすら深く酔いに落ちることを追い求めているように見えたので、ぼくらは"酒業僧"と命名した。けっして禁酒主義者ではないぼくでさえ、この男の飲みっぷりを見ているのは、正直に言って少し恐ろしかった。

この The Inebriator がむずかしい。動詞 inebriate には「酔わせる、陶酔させる」という意味があります。そのまま訳せば「酔わせる人」で、「自分自身を酔わせる人」と見なせば、ただの「酔っぱらい」でもいいのかもしれません。ただ、ここは冗談めかして言っているところですし、語り手はその後に売れっ子のコピーライターになるので、もう少しことば遊びの工夫をしたいところです。その際、気をつけるべきことが2点ありました。

　(1) inebriate は drunk などと比べてかなり堅苦しい響きを持つ単語。また、inebriator ということばは辞書に載っていない。

　(2) inebriator（音読する場合、アクセントがあるのは3文字目の e ）という語は terminator（アクセントがあるのは2文字目の e ）と響きがよく似ている。この場面の舞台設定は1990年代なので、少し前に公開された大人気映画『ターミネーター』を意識して、そのパロディとして命名された可能性が高い。そう考えれば、"The Inebriator" と大文字ではじまっていることも説明がつく。

以上をゆっくり検討し、実を言うと、最初は「飲ーミネーター」という訳語を思いついたのですが、ちょっとやりすぎなので（スベったときがこわい、というのもありました）、堅苦しい響きやターミネーターの禁欲的な部分も考え合わせ、最終的に「酒業僧」という訳語にしたしだいです。

ダブルミーニングを使ったことば遊びもたくさんありますが、子供向けの作品の場合、原則としてカタカナのルビをつける手は使えませんから、一歩踏みこんだ処理が必要になることもあります。

　『思い出のマーニー』（ジョーン・G・ロビンソン、ないとうふみこ共訳、KADOKAWA、角川文庫）の登場人物のなかに、主人公アンナを舟でマーニーの屋敷へ送り届ける寡黙な老人がいます。名前はWuntermenny。生まれたとき、すでに一家に 10 人の子供がいたので、母親が one-too-many（ひとり余分に多い）と口走ったのがきっかけで、音がよく似た Wuntermenny と名づけられたということでした。

　大人向けの本なら、これをそのまま「ワンタメニー」として、訳注で one-too-many との関係を説明することもできます。しかし、この作品は小学校 4 年生程度から理解できることをめざして訳出していたので、そういう処理はできませんでした。

　ここで同時に考えなくてはいけないことがもうひとつありました。物語の後半に、ある登場人物が Wuntermenny のことを「winterman みたいな名前」と口走る場面があったのです。こうなると、こちらの訳語も音をそろえなくてはなりません。共訳者などと相談した結果、Wuntermenny を「アマリンボー（余りん坊）」、winterman を「アメンボ」と訳すことになりました。wintermanのほうは意味を無視し、音を合わせたということです。ことば遊びを処理するときは、何を優先すべきかを考えて、ときには何かをきっぱり捨てる必要があります。

大人向けでも、コミカルな味わいのある作品などでは、これに近い処理をすることもあります。

　オー・ヘンリーの「第九十九分署の外交方針」（『賢者の贈り物』所収）で、ロシア人を小ばかにしている男がこんなことを言います。

　　Talk about your Russians—wouldn't they give you painsky when it comes to a scrapowich?

　もちろん、painsky だの scrapowich だのは辞書に載っていないことばで、pain や scrap（けんか）という語に、ロシア人の名前によくある「スキー」や「ヴィッチ」をつけてからかっています。ここは日露戦争でロシアが負けるにちがいないと考えての発言なので、かなりことばを補って、以下のように訳しました。

　　ロシア野郎なんか目じゃない──やつらのケンカヴィッチじゃ、へろへろのパンチスキーを浴びせるのが関の山だからな。

　上のように、唐突に駄洒落が出てきたときに、読者に注意を喚起しつつ不自然さを取り除くために傍点をつけることがときどきあります。以下は、原文にはことば遊びの要素がほとんどないものの、語り手のキャラクターを際立たせるためにいささか過剰な処理をしたケースです（まあ、駄洒落を飛ばしたかっただけ、とも言え

ますが）。

> Thankfully, Viki had left her wise-ass sidekick back at the office to
> *not* answer phones, so we were spared her commentary.

さいわいヴィキはあの小ざかしい相棒を"電話に出んわ"番とし
て事務所に残していたので、横槍ははいらなかった。

（『ボーイ・スティル・ミッシング』）

　最後に、翻訳者同士が協力して、ことば遊びの解釈の案を出し
合った例を紹介します。翻訳者6、7人の集まるメーリングリスト
で、ある人が、いま訳している作品のなかでどう考えたらよいか
迷っている個所があると相談したことがあります。以下の英文で
した。

> He was doodling gravestones in the back of a songbook. The
> dearly departed included the famous I. M. DUNFORE, HARRY
> PITTS, and BARRY D. BODIE.

彼は讃美歌集の裏に墓石の絵を書きこんでいた。墓碑銘には、名
高いI・M・ダンフォー、ハリー・ピッツ、バリー・D・ボディー
らの名前があった。

　これはある学生がいたずら書きをしている場面です。ふつうに
訳せば、上のようになるのですが、墓石に書かれていた3つの名

前にはどうも何か「裏」がある気がする、どう思うかというのが質問の内容でした。

これに応じて、以下の意見がほかの翻訳者から出ました。

——ひとつめは I'm done for にかけているのかも、と思いました。

——自分もそう思いました。なんとなくですが、I'm done for ○○ pits and bury the body. で、3人の名前をつなげて読むと「穴を掘って死体を埋めるのはもううんざり」という意味になるような気がするのですが、Harry に相当する「掘る」という動詞がちょっとわからないので、考えすぎかもですが……

——あるいは、3つ別個に考えて、I'm done for.（もうダメ）、Hairy pits.（いやな墓穴）、Bury the body.（死体を埋めろ）、とか？

——賛成です。3つ別々の墓石に書いてある、って絵柄ですよね、たぶん。

——わたしも賛成ですが、I'm done for. は「もうダメ」というより「ご臨終」ではないかと。

——Harry Pitts は hairy (arm) pits（毛深い腋）という読み方もあるのではないでしょうか。

──みなさま、さっそくありがとうございました。いたずら書きをしている少年のキャラ（＋主人公のキャラ）からいって、児童文学やアニメのキャラのもじりかな、という方向に行きかけていたのが、おかげさまですっきりしました。（質問者）

　というようなやりとりでした。全部でほんの30分程度の出来事だったと思います。翻訳者はこういうことを考えるのが大好きである、というのがわかりますね。

　質問者は白石朗さん。作品は2018年に出た『ファイアマン』（ジョー・ヒル、小学館文庫）です。訳書では3つの名前が「オラハ・シンジマータ、ハッカホーレ・ウァンワン、ナキガーラ・ド＝ソーニ」となっていました。予想のはるかに上を行く名訳ですね。

『ファイアマン』

6

比喩

　比喩表現を処理する場合、まず直喩（simile）と隠喩（metaphor）のどちらなのかを見きわめる必要があります。大ざっぱに言うと、like や such as のような「比喩の目印」となる語句がついているのが直喩、何もつけずに言うのが隠喩です。「玉のような汗」と「玉の汗」のちがいを考えてみてください。

　そのほか、換喩（metonymy）というのもあって、ちょっと定義がむずかしいのですが、たとえば「ダン・ブラウンを読む」といった場合、ダン・ブラウンという人物ではなく、「作家が書いた本」を読むという意味ですね。そんなケースを換喩といいますが、隠喩との区別がむずかしい場合もあります。

　ただ、特に直喩と隠喩については、可能なかぎり原文と同じ効果を訳文でもめざすべきです。たとえば、『クリスマス・キャロル』の一節を、ある生徒がこう訳していました。

the broad fields were so full of merry music, that the crisp air laughed to hear it

広い野原は陽気な音楽で満たされ、ひんやりした冬の空気がそれを聴いて<u>笑うかのようだった</u>

　意味を大きく取りちがえたところはありませんが、問題は最後の「笑うかのようだった」です。原文は the crisp air が laugh したと言っているだけで、「ような」にあたることばが使われていないのですから、そのまま「空気が〜笑った」と訳さなければ、作者の狙った擬人法の効果を半減させてしまうことになります。

　同じ『クリスマス・キャロル』で、こういう生徒訳がありましたが、こんどはどうでしょうか。

　　In came Mrs Fezziwig, one vast, substantial smile.
　　フェジウィッグ夫人が<u>満面に笑みを浮かべて</u>やってきた。

　この訳文も、大筋は英文のとおりで、ごく自然な言い方なのですが、原文は Mrs Fezziwig と one vast, substantial smile が同格で、「フェジウィッグ夫人＝ひとつの巨大な笑み」というちょっとグロテスクな光景を描き出しています。もちろんこれは誇張表現で、いかにもディケンズらしいユーモラスな書き方ですから、ふつうの言い方、常識的な言い方に直してしまっては元も子もありません。

　そんなわけで、わたしはここをこう訳しています。

　　フェジウィッグ夫人が<u>体じゅうを特大の笑顔にして</u>やってきた。

もうひとつ考えなくてはいけない問題は、直喩であれ隠喩であれ、日本の読者に趣旨が伝わるかどうかです。以下は「ティーカップ騒動」（『不吉なことは何も』所収）の一節です。

　Funny, but we seemed to hit it off together from the start like bacon and eggs.

　不思議なもんで、あたしらは最初っからベーコンと卵みたいに馬が合ったんです。

　「ベーコンと卵」が相性がいいというのは、日本の読者にもなんの説明もなくわかりますね（ただし、日本で言う「ベーコンエッグ」は目玉焼きとベーコンを一体にして調理したものを指すことが多いのですが、bacon and eggs は完全に分離したものを指す場合が多いです）。

　つぎも同じ作品からの引用ですが、この訳文でいいでしょうか。

　I began to add figures and count unhatched chickens until I got dizzy.

　足し算をして、孵化してない雛を数えてるうちに、めまいがしてきました。

　たやすく儲ける方法を考えている場面ですが、「孵化してない雛

を数えてるうちに」の部分がややわかりにくく、字面どおりの意味にとる人もいそうです。

　ここは、こういう状況を日本語では「捕らぬ狸の皮算用」と呼ぶことを利用して、「孵ってもいない雛の皮算用をしてるうちに」と訳してみました。

　しかし、さらにわかりにくい比喩になると、訳注を入れざるをえない場合もあります。下の例で、It は Nashville の街に降る霧雨のことです。

　　It is not so fragrant as a moth-ball nor as thick as pea-soup;
　　防虫剤ほどの強い香りはなく、豆スープほど濃厚でもない

（「都市通信」、『最後のひと葉』所収）

　防虫剤のほうは問題ありませんが、豆スープのほうはさっぱりわかりませんね。pea-soup はロンドンの霧のことなので、豆スープの代わりに「ロンドンの霧」と訳す手もありますが、ここは防虫剤と豆スープを対にすることで、おもしろみのある表現が生まれているので、比喩を殺したくありません。そこで、わたしは豆スープを引用符（" "）でくくり、「ロンドンの濃霧を表す決まり文句」と訳注をつけました。

　とはいえ、やはり訳注はどうしても説明的になってしまい、訳文の切れ味が悪くなりがちなので、なるべく使いたくないという

のが本音です。

　p.226 に書いた換喩の例として、ある種のことば、たとえば地名が特別な含意を持つ場合があります。221B Baker Street（ベーカー街221B）がシャーロック・ホームズの住んでいた場所だと知っている人は多いでしょうが、1600 Pennsylvania Avenue（ペンシルヴェニア通り1600番地）がホワイトハウスを表すことを知っている人はずっと少ないでしょう。こういうとき、補足説明を入れるべきかどうか、訳注を入れるべきかどうかは、翻訳者がいつも迷うところです。その作品の読者層などを考えて、その都度判断するしかありません。

221B Baker Street

1600 Pennsylvania Avenue

7

引用句

　聖書やシェイクスピアをはじめ、文芸作品には引用句が付き物です。引用元が記されていないことも多く、その場合はネット検索や引用句辞典など、さまざまな方法で調べますが、そもそも引用句なのかどうかわからない場合もあり、そこはある程度勘に頼るしかありません。長く翻訳の仕事をしていると、そのあたりの嗅覚が鋭くなりますが、それでもはずれる場合もあります。どちらかわからないときは、とりあえず調べてみるというのが翻訳者の基本姿勢です。

　もとの文言がそのまま引用されている場合は、調べるのも比較的やさしいです。過去の訳が何種類かあるときには、どの訳を選ぶのか（ほかの人の訳を使う場合は、引用元を明記し、1文字も手を加えないのが原則です）、あるいは自分自身の訳を使うのかを判断する必要があります。

　たとえば、聖書からの引用の場合、小説ではたいがい教訓めいた文脈に沿って、もしくはある種の決め台詞として用いられるので、わたしは文語訳を採用することが多いです。

Upon this rock I will build my church!
我この岩の上にわが教会を建てん！

　これは『天使と悪魔』の終盤に、ある人物が繰り返す台詞で、英語そのものに古さはありませんが、ローマ教会を興した聖ペテロに自分を重ね合わせる強烈な宣言なので、格調高い文語訳がふさわしいと判断しました。ダン・ブラウンの作品では、ほかもほとんど文語訳を使っています。
　一風変わった引用句では、『小説　アナと雪の女王　影のひそむ森』のラスト近くにこんな場面がありました。主語の she はアナで、楽しげな場面です。

She went to Elsa's council chambers and knocked. Six staccato raps followed by two spaced-out ones. Do you want to build a snowman?

　これは映画『アナと雪の女王2』の直前の時期を描いたオリジナル作品ですが、〈アナ雪〉シリーズのファンでないと、2文目と3文目がどういう意味なのかわからないかもしれません。
　"Do You Want to Build a Snowman?"（雪だるまつくろう）は、『アナ雪1』のなかでは〈Let It Go〉（ありのままに）のつぎに有名な曲です。その前の six staccato（短く6回）や two spaced-out ones（長く

2回）というのは、アナがこの曲のリズムに合わせてエルサの部屋のドアをノックしたことを表しています。となると、映画のファンのためにも、翻訳ではここは曲の韻律が浮かびやすくするほうがいいと判断し、こんなふうに訳しました。

> （アナは）エルサの会議室へ向かい、ドアをノックする。最初の6回は短くつづけてスタッカート、最後の2回は長めに。"ゆ・き・だ・る・ま・つ・くー・ろう"と。

　さいわい、日本語の文字数がぴったり一致したので、このように処理しましたが、たとえば日本語だと1文字足りなくなるようなら、2文目の"6回"を"5回"に変えたと思います。

　ここまでは原典からそのまま引用された例ですが、一部が改変される場合も少なくありません。

> A loaf of bread, a slice of ham, and thou, beside me sitting in the wilderness —
> ひとかたまりのパン、ひと切れのハム、そして汝が荒野にてわが傍らにあらば──

（「真っ白な嘘」）

　このもとになっているのは、ウマル・ハイヤーム『ルバイヤー

ト』英訳版の以下の部分です。

Here with a Loaf of Bread beneath the Bough
A Flask of Wine, a Book of Verse ― and Thou
Beside me singing in the Wilderness ?

ここでは、そのまま「ウマル・ハイヤーム『ルバイヤート』英
訳版の一節のもじり」という訳注を入れました。

つぎに、『天使と嘘』の以下の一節を見てください。ある教師が
自分の部屋で書いた自虐めいた落書きです。

Old teachers never die, they just lose their class.
老教師は死なず、ただ授業を失うのみ。

いかにも元ネタがありそうなので調べると、マッカーサーの退
役演説に "Old soldiers never die, they just fade away."（老兵は死なず、
ただ消え去るのみ）とあるのが見つかりました。たしかに名文句
ですが、さらに調べていくと、この名文句自体に元ネタがあるのが
わかりました。兵隊歌〈Old Soldiers Never Die〉の一節 "Old
soldiers never die, they simply fade away."（老兵は死なず、単に消え去
るのみ）です。こういう場合は、古いほうを引用元とするのが筋な
ので、ここでの訳注は兵隊歌のほうに言及しました。

もうひとつ、『九尾の猫』（エラリイ・クイーン、早川書房、ハヤカワ・ミステリ文庫）に my 87th Street Irregulars（八十七丁目遊撃隊）ということばがありました。これは明らかに Baker Street Irregulars（シャーロック・ホームズの“ベイカー街遊撃隊”が元ネタですが、訳注を入れるべきか、どうでしょうか。結局、このときは入れましたが、クイーンの作品の読者はもともとミテスリー好きが多いので、「遊撃隊」と訳すだけでじゅうぶんだったかもしれない、割注は不要だったかもしれない、といまは反省しています。

　最後に、「もじり」とまでは言えなくても、明らかに原典が存在していると感じられる例をひとつ。『十日間の不思議』の冒頭はこういう文です。

　　In the beginning it was without form, a darkness that kept shifting like dancers.
　　はじめは形がなく、闇が踊り手たちのごとく動きつづけた。

　この作品は聖書への言及が多く、ミステリーとしての謎解きも聖書の内容と密接にかかわっています。だとしたら、この部分はまちがいなく旧約聖書の冒頭、「創世記」の

　In the beginning God created the heavens and the earth. The earth was formless and empty, and darkness covered the deep waters. And the Spirit of God was hovering.

初めに神は天と地を創造された。地は混沌として、闇が深淵の面にあり、神の霊が水の面を動いていた。（聖書協会共同訳）

を原型としているはずです。ただ、この程度の「解釈」までも訳文に入れるのは説明過多であり、そういったことはあとがきや解説などで言及すればいいと考えて、訳注などは入れませんでした。こういうのはなかなか判断がむずかしく、翻訳しながらいつも迷うところです。

『九尾の猫〔新訳版〕』

『十日間の不思議〔新訳版〕』

8

固 有 名 詞

　固有名詞にまつわるエピソードはあまりにも多く、とうてい書ききれないので、いくつかのケースに分類して、それぞれの例を数個だけあげていくことにします。

（1）響きの珍妙さ

　なんの理由もなく「変な名前」などと言われると、外国人であるこちらはお手あげになる場合が多いです。これまでの作品で出てきたものとしては、Cyrus（人名、『天使と嘘』）と Ypsilanti（地名、*Flash and Dazzle*）をすぐ思いつきますが、「イプシランティ」はなんとなく珍しい感じがするものの、「サイラス」がなぜ変なのかは想像もつきません（名前の裏に特別な含意があるわけでもないようです）。しかし、ある人がアメリカ人5人に尋ねてくれたところ、4人が「変だ」と即答し、ひとりがちょっと考えて「微妙だ」と答えたそうです（理由はだれも説明できませんでした）。

　そこでふと思い出したのが、例の PPAP（Pen-Pineapple-Apple-Pen）です。「ペンパイナッポーアッポーペン」と聞いて、くすりとした

日本語話者はいたでしょうが、英語圏であれだけ爆発的にヒットしたことはだれにも説明がつかなかったはずです。

　おそらく、逆に日本語でなんだか響きがおかしく感じられるものが、外国人にはさっぱりわからないというケースも多くあるはずです。翻訳する際は、よけいな説明をしても意味がないので、そのまま訳して注などは入れないことにしています。

（2）正しい発音

　十数年前まで、一般の辞書に出ていない語の発音を知るのはなかなか大変で、まず『固有名詞英語発音辞典』（三省堂）を見たあと、それでも載っていなければネイティブスピーカーに尋ねるぐらいしかありませんでした。

　最近はネット上に発音サイトがいくつもできていて、YouTubeや過去の映画とリンクしているものまであり、とても便利になりました。電子書籍に音読機能がついている場合もあります。

　とはいえ、どれも絶対確実ということではなく、可能なら複数の情報源にあたるほうが安全です。地域によって発音がちがうのはあたりまえですし、年齢や所属する集団で異なる場合もあります。スコットランドやウェールズの読み方は、こちらの想像もつかないものであることがしばしばです。

　いかにも難読という感じだとしっかり調べますが、こわいのはむしろ、一見やさしそうなのにそうではない Reading（レディング）や Birmingham（イギリスにあるのはバーミンガム、アメリカにあるのは

バーミングハム）などのケースかもしれません。

　読み方が何通りかあって、文脈だけでは判断がつかないことも
あり、絶対の正解がない場合などは、どれかに決めてしまうしか
ありませんが、どういうケースであれ、それなりに調べて裏をと
っておけば、読み方がちがうのではないかとクレームがついた場
合にも、自信を持って反論できます。

（3）表記の音引きや促音など

　正しい発音がわかったとして、カタカナでどう表記するかにつ
いて、決定的なルールはありません。『大統領失踪』の共作者のひ
とり James Patterson は、名前がジェームズ、ジェイムズ、ジェー
ムス、ジェイムスの4通り、苗字がパタースンとパターソンの2
通り考えられ、実のところ、これまで出版社によって何通りもの
表記がなされてきました。

　この本のなかで、エラリー・クイーンとエラリイ・クイーンが
混在していることに気づいた人もいるでしょうが、これはわたし
の訳書だけをとっても、角川文庫ではエラリー、ハヤカワ・ミス
テリ文庫ではエラリイと表記されていて、それぞれのルールに従
っているので、どちらも正しいのです。

　その他、音引き（ー）を入れるか入れないか、促音（ッ）を入れ
るか入れないか、拗音（ャ、ュ、ョ）を大文字で書くかどうかなど、
悩みは尽きません。

　たとえばイギリスに Truro という街がありますが、これはトゥ

ルロにするかトゥルーロにするか、どちらがいいでしょうか。こ
の語の場合、正しいアクセントは3文字目の u にありますから、そ
こにアクセントを置いて読みやすいほう（つまり、トゥルーロ）を選
んだほうがいい、というのが、わたしがふだん採用している判断
基準です。Gretchen（3文字目の e にアクセント）ならグレチェンでは
なくグレッチェンと書くべきなのも同じ理由です。ただし、この
ルールはどんな場合にも通用するわけではなく、どう綴っても日
本語では正しいアクセントで読めない場合もあります。Los Angeles
は A にアクセントがありますが、カタカナでどう表記してもその
ようには読めません。

（4）人物の略称・愛称

　英語圏の人物は略称・愛称で呼ばれることが多いですね。エド
ワード（Edward）➡エディ（Eddie）やエリザベス（Elizabeth）➡ベス
（Beth）程度ならだれでもわかりますが、キャサリン（Catherine）➡
ケイト（Kate）、ウィリアム（William）➡ビル（Bill）、ロバート（Robert）
➡ボブ（Bob）、さらにはジョン（John）➡ジャック（Jack）ぐらいに
なると、海外の作品に慣れていない人には少々きびしいようです。
ただ、こういうことまでも訳注で説明するのはなるべく避けたい
です。

　そこで、あまり頻繁に登場しない人物の場合は、たとえばロバー
トかボブのどちらかに訳文では統一してしまうことがほとんどです。
出てくる数が多いほうにそろえるのもいいですが、小説の場合は

愛称に、硬めのノンフィクションの場合は正式名に統一したほうがいいかもしれません。

逆に、全編を通して登場する人物の場合は、正式名と愛称が混在していても、読んでいくうちにだんだんわかるだろうと判断して、よほどわかりにくい場合以外はそのまま訳します。

（5）カタカナ表記ゆえの混乱

『Xの悲劇』（エラリー・クイーン、KADOKAWA、角川文庫）には主役級でサム警視という人物が登場しますが、サムの綴りはThummです。ところが、これとは別にSamという男が出てくる場面もあり（しかもその場にThummが居合わせる）、翻訳の際に困ってしまいました。そこではSamに苗字をつけて呼ぶなどして、なんとか区別がつくように処理しました。

「真っ白な嘘」では、ある人物がMrs. PlattをMrs. Prattと何度か言いまちがえることが謎解きの重要な手がかりとなっています。lとrのちがいをカタカナで表すのは不可能なので、旧訳では「プラット」と「プロット」、わたしの新訳では「プラット」と「プラート」と訳し分けています。

（6）含意のある名前や、名前のはいった成句

たとえば、John Smithと言えば、名前も苗字も最もありふれたものとして、よく引き合いに出されます。名前を尋ねられたとき、「ジョン・スミスだ。ほんとうにそうなんだ」などと答えるのは、

いかにも偽名らしい響きがともなうからですね。この程度のものなら訳注は不要でしょう。

しかし、John Doe や Jane Doe はどうでしょうか。海外のフィクションを読み慣れている人ならおなじみかもしれませんが、身元不明や氏名不詳の人物を指すときの決まり文句です。訴訟などで公的に使われることもあれば、日常のなかで冗談半分に「名無しの権兵衛」のような感じで使われることもあります。この場合は、読者層しだいで訳注が必要になるかもしれません。

成句では、たとえば before you can say Jack Robinson は、ちょっと古い言いまわしで「あっと言う間に」という意味ですが、なぜ Jack Robinson なのかは諸説あって、定かではありません。これなどは説明がややこしくなるので、前後の文脈と関係がなければ、単に「あっと言う間に」と訳すほうがいいかもしれません。

do a Garbo は、往年の名女優グレタ・ガルボが引退後に人目を忍んだ生活をしていたことを受けて、「ひっそり暮らす」という意味です。日本では「原節子のように」と言ったほうがわかりやすいかもしれませんが、ここは「グレタ・ガルボのような隠遁生活」とでもして、グレタ・ガルボを知らない人に対する説明はしなくてもよい気がします。何もかも説明してしまったら、翻訳書の魅力がかえって減ってしまうように思います。

（7）他言語ゆえの勘ちがい

かつて、ある翻訳書で、ごくふつうのジーンズの話をしている

のに、突然フランスの著名な社会人類学者が出てきて、読者が混乱したという逸話があります。訳者は大学の先生で、Lévi-Straus（レヴィ＝ストロース）は知っていても Levi Strauss（リーバイ・ストラウス、通称リーバイス）を知らなかったのではないかと言われています。

　自分自身も、似たようなことを危うくやりそうになったことがあります。キリスト教の歴史の話がつづくなかで、Peter と Paul と Mary の 3 人が立てつづけに登場したことがあり、わたしは最初「ピーター・ポール＆マリー」（20世紀後半に活躍したアメリカのフォークグループ）のことを言っているのかと思ってそう訳しましたが、なんだか話がつながらないのでゆっくり読み返し、「ペテロ、パウロ、マリア」の 3 聖人のことだと気づきました。

　最後に、もうひとつ。ある翻訳書（原文は英語）で、20世紀中ごろのヨーロッパ映画史に言及した個所があり、「新写実主義とニューウェーブ」という記述がありましたが、どうもなんの話をしているのか腑に落ちませんでした。そこでよく考え、原文は New Realism and New Wave だったのではないかと想像して、そこで「ネオレアリスモとヌーヴェルヴァーグ」のことだと納得しました。

　最後のものなどは、イタリア語とフランス語が英語で書かれていたからこその勘ちがいで、たまたまわたしに映画史の知識がある程度あったので気づきましたが、非常に見分けづらいです。自分がくわしく知らないジャンルであれば、いつ同様のミスをするかわかりません。翻訳者というものは、かぎられた時間のなかで、

ときには自分のまったく知らない題材を扱った英文と向き合わなくてはなりません。もちろん最善を尽くして調べ物をしますが、「翻訳者はつらいよ」と言いたくなる気持ちも、ちょっとだけ理解していただけるとありがたいです。

p.181 について

理由 イギリスでは、five (minutes) to six と言えば5時55分を表すから。

お勧め翻訳学習書

　ここでは、語学に興味を持っている人が翻訳の世界にも親しめるような、訳出の具体例が豊富で、読み物としてもおもしろい本をいくつか紹介します。

☞『翻訳のレッスン』（高橋さきの、深井裕美子、井口耕二、高橋聡、講談社）

　産業翻訳を中心に活躍してきたベテラン4人が、翻訳に取り組む心構えから実践的な演習まで、多角的に解説します。

☞『翻訳の秘密』（小川高義、研究社）

　格調高い名訳で知られる著者が、『さゆり』『停電の夜に』などの作品の翻訳にどのように取り組んだかを具体的に明かします。

☞『翻訳教室』（柴田元幸、朝日文庫）

　著者が東大教授だったころの文学部人気講座を採録。学生とのきわめてレベルの高いやりとりによって、翻訳の本質に迫ります。

☞『翻訳地獄へようこそ』『洋書天国へようこそ』『洋書ラビリンス

へようこそ』（宮脇孝雄、アルク）

　膨大な数の原書を読んできた著者が、古今の幅広い傑作の読みどころを紹介しつつ、翻訳の苦労と楽しさを惜しみなく明かします。

☞『日々翻訳ざんげ』（田口俊樹、本の雑誌社）

　エンタテインメント作品を中心に40年にわたって翻訳に携わってきた著者が、自分の訳書を読みなおして楽しく翻訳論を語ります。

　最後に、わたしの著書・編纂書から3冊。

☞『文芸翻訳教室』（研究社）

　翻訳の基本から実践演習までと、シノプシスやあとがきの書き方までを網羅した1冊。翻訳学習者向き。

☞『翻訳百景』（角川新書）

　ダン・ブラウンの作品の翻訳裏話をはじめ、翻訳の仕事を多角的に紹介し、読書会や作文コンクールのエピソードなども紹介。

☞『ねみみにみみず』（東江一紀著、越前敏弥編、作品社）

　2014年に逝去した稀代の名訳者によるエッセイ集。翻訳者の日常を膨大な数の駄洒落を交えて紹介。

Index

この索引には本書で取り上げた約360語句がアルファベット順に
掲載されています。数字はページ番号を示しています。

越前敏弥（えちぜん としや）

文芸翻訳者。1961年、石川県金沢市生まれ。東京大学文学部国文
科卒。訳書『オリジン』『ダ・ヴィンチ・コード』『Yの悲劇』（以上、
KADOKAWA）、『十日間の不思議』、『解錠師』『大統領失踪』（以上、
早川書房）、『世界文学大図鑑』『世界物語大事典』（以上、三省堂）、
『おやすみの歌が消えて』（集英社）、『ストーリー』（フィルムアート社）な
ど多数。著書『翻訳百景』（KADOKAWA）、『文芸翻訳教室』（研究
社）、『日本人なら必ず誤訳する英文・決定版』（ディスカヴァー・トゥエン
ティワン）など。現在、朝日カルチャーセンター新宿教室、横浜教室、中
之島教室で文芸翻訳講座などを担当。

「英語が読める」の9割は誤読
翻訳家が教える英文法と語彙の罠

2021年9月20日　初版発行
2021年12月20日　第3刷発行

著者	越前敏弥　©Toshiya Echizen, 2021
発行者	伊藤秀樹
発行所	株式会社 ジャパンタイムズ出版
	〒102-0082　東京都千代田区一番町2-2　一番町第二TGビル2F
	電話　　050-3646-9500［出版営業部］
	ウェブサイト https://jtpublishing.co.jp/
印刷所	日経印刷株式会社

本書の内容に関するお問い合わせは、上記ウェブサイトまたは
郵便でお受けいたします。定価はカバーに表示してあります。
万一、乱丁落丁のある場合は、送料当社負担でお取り替えいたします。
㈱ジャパンタイムズ出版・出版営業部あてにお送りください。

Printed in Japan　ISBN 978-4-7890-1792-3

本書のご感想をお寄せください。
https://jtpublishing.co.jp/contact/comment/